UM TOQUE *diário* NA SUA *alma*

Cecilia Sfalsin

UM TOQUE diário NA SUA alma

volume 2 • JULHO – DEZEMBRO

Devocional – Um toque diário na sua alma, vol II. © Cecilia Sfalsin, 04/2022
Edição © Crivo Editorial, 04/2022

Edição e Revisão: Amanda Bruno de Mello
Capa: Inari Jardani Fraton e Fábio Brust – Memento Design & Criatividade
Projeto gráfico e diagramação: Lila Bittencourt
Direção de Arte: Maria Soledad de Castro
Coordenação Editorial: Lucas Maroca de Castro

Dados Internacionais de Catalogação na Publicação (CIP) de acordo com ISBD

S522t	Sfalsin, Cecilia
	Um toque diário na sua alma, vol. II / Cecilia Sfalsin. - Belo Horizonte, MG : Crivo Editorial, 2022.
	212 p. ; 12,6cm x 20,4cm.
	ISBN: 978-65-89032-36-6
	1. Religião. 2. Evangelização. 3. Religiosidade. 4. Vida cristã. 5. Devocional. I. Título.
2022-1003	CDD 200 CDU 2

Elaborado por Odilio Hilario Moreira Junior - CRB-8/9949

Índice para catálogo sistemático:
1. Religião 200
2. Religião 2

Crivo Editorial
Rua Fernandes Tourinho, 602, sala 502
30.112-000 - Funcionários - Belo Horizonte - MG
  www.crivoeditorial.com.br
  contato@crivoeditorial.com.br
  facebook.com/crivoeditorial
  instagram.com/crivoeditorial
  crivo-editorial.lojaintegrada.com.br

Dados pessoais

Nome:

....

Telefone:

....

Email:

....

Anotações:

....

....

....

....

....

....

....

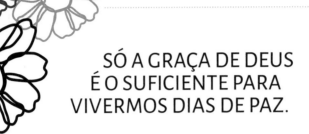

SÓ A GRAÇA DE DEUS
É O SUFICIENTE PARA
VIVERMOS DIAS DE PAZ.

Uma reflexão para cada dia!

A vida continua! Todos nascem com propósitos, mas nem todos creem que estão prontos para realizá-los. Posso planejar, mas, sem ação, terei apenas planos.

O que posso me tornar, a partir dos meus pensamentos, definirá os próximos capítulos da minha história. De julho a dezembro, que estejamos prontos para os novos acontecimentos e que sejamos gratos a Deus pelos grandes resultados que virão.

Que os próximos meses sejam de boas novas para todos nós.

Deus sabe a quem honrar

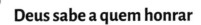

"O Senhor seja com o seu espírito. A graça seja com vocês."

(2 Timóteo 4:22)

Deus trabalha dia e noite por nós quando nos colocamos aos seus cuidados. Ele tem um destino para cada um de nós e quer que cheguemos lá. Quando você perceber que o seu coração está inquieto, que o seu espaço está pequeno, que o seu pensamento está totalmente contra você, que a sua mente está distraída e cansada, se dê uma pausa e se observe. Conecte-se com a sua alma, se perceba e comece a se resgatar daquilo que está te roubando de você. Aceite as mudanças, passe pela fase das transformações de cabeça erguida, deixe Deus te refinar para um propósito maior do que qualquer outro que você já viveu. Todos passamos por processos não programados e, às vezes, nos sentimos invisíveis e sem motivação. Mas é assim que funciona. José, no Egito, passou um tempo sendo jogado de um lado para outro – enfrentou a **cova**, a **escravidão**, a **prisão** – até ficar pronto e se tornar visível aos olhos de todos para assumir o cargo de governador. Deus sabe o que faz, viu? Ele sabe quem honra.

1º de julho

"Pois será como a árvore plantada junto a ribeiros de águas, a qual dá o seu fruto no seu tempo; as suas folhas não cairão, e tudo quanto fizer prosperará."

(Salmos 1:3)

Deus quer te exaltar

A sua capacidade de produzir frutos te torna apto a conquistas. Você será reconhecido por aquilo que for gerado através das suas ações e do seu conhecimento. Para termos boas plantações e ótimas colheitas, precisamos aprender mais sobre aquilo que fomos designados a fazer – me refiro a tudo o que está sob a nossa responsabilidade, seja ela qual for: profissional, familiar e também espiritual. Deus quer te exaltar, **permita que isso aconteça cuidando do seu próprio jardim** e fazendo com muita responsabilidade aquilo que foi confiado a você.

2 de julho

"Dizendo: Pai, se queres, passa de mim este cálice; todavia não se faça a minha vontade, mas a tua."

(Lucas 22:42)

Obedeça a Deus

Jesus se submeteu a Deus, permitindo que Deus fizesse a Sua vontade sobre a Sua vida. A obediência era necessária para cumprir o propósito, mesmo que isso Lhe causasse dor. Obedecer a Deus e se submeter à Sua vontade nos direciona ao propósito. Não entendemos de imediato as dores e aflições, mas quando tudo passa percebemos o quão maravilhoso foi passar pelos processos e alcançar a promessa. Deus te prepara para viver o melhor Dele! Que a vontade Dele prevaleça sempre!

3 de julho

"E abençoarei os que te abençoarem, e amaldiçoarei os que te amaldiçoarem; e em ti serão benditas todas as famílias da terra."

(Gênesis 12:3)

O seu testemunho de fé...

Em ti serão benditas todas as famílias da terra, essa foi a promessa de Deus a Abrão. Através de sua vida, muitos seriam abençoados, e ele seria protegido e guardado. Seja você uma bênção, porque através da sua vida outras pessoas serão abençoadas. Através do seu testemunho de fé, obediência e confiança, outros poderão conhecer o poder de Deus, e isso inclui toda a sua família também.

4 de julho

"Disse-lhes ele: E vós, quem dizeis que eu sou? E Simão Pedro, respondendo, disse: Tu és o Cristo, o Filho do Deus vivo."

(Mateus 16:15-16)

Que sejamos reconhecidos como filhos de Deus

Todos sabiam quem era Jesus, todos conheciam os Seus feitos pela terra, pelo mundo. Os Seus atos não comprometiam o Seu caráter, e Ele passou Sua vida praticando boas obras, fazendo a vontade do Pai. Ele era o filho do Deus vivo. Ele era reconhecido pela Sua identidade celestial. Que assim sejamos, reconhecidos como filhos de Deus pelo nosso comportamento, pela fé que exercemos, pelo amor que espalhamos, pelo bem que fazemos, **por sermos filhos de Deus**.

5 de julho

"Como crianças recém-nascidas, desejem de coração o leite espiritual puro, para que por meio dele cresçam para a salvação."

(1 Pedro 2:2)

Sem Deus não somos nada!

Todo recém-nascido tem um coração puro e deseja o alimento que escorre dos seios de sua mãe. Os bebês se sentem fortalecidos e sustentados, se sentem protegidos por suas mães. **Que sejamos como crianças recém-nascidas** desejando o alimento espiritual que nos dá crescimento, direção, que nos fortalece para enfrentarmos e vencermos os dias difíceis, que nos encoraja diariamente, que nos faz levantar depois de uma queda, que nos faz reconhecer que sem Deus não somos nada.

6 de julho

"O que ama a instrução ama o conhecimento, mas o que odeia a repreensão é estúpido."

(Provérbios 12:1)

Seja humilde!

Aquele que está pronto para aprender está pronto para crescer. Se você quer passar para o próximo nível, tem que se sujeitar aos ensinamentos de quem sabe mais que você. Tem que ser disciplinado, tem que estar sensível à voz de quem ensina. No caminho do sucesso, nem tudo gostaremos de fazer, mas precisamos obter experiências novas designadas por Deus para o nosso crescimento. Ele sabe o que deseja o nosso coração e como precisamos ser treinados para chegarmos aonde almejamos chegar. Seja humilde e receba as instruções de coração aberto!

7 de julho

"Ora, se teu irmão pecar contra ti, vai, e repreende-o entre ti e ele só; se te ouvir, ganhaste a teu irmão."

(Mateus 18:15)

Seja humilde!

Pessoas que amamos nos decepcionam também, assim como decepcionamos quem nos ama. Somos falhos e precisamos aprender a nos colocar no lugar do outro. Ao invés de acumularmos sentimentos venenosos em nosso coração, devemos ir até a pessoa em questão e, de um jeito sensato, expor o que sentimos, trazê-la ao reconhecimento do erro sem nos acharmos donos da razão. Tem tantas pessoas criando desafetos por aí por não saberem lidar com outro ser humano igual a elas. Quando conseguimos fazer com que o outro reconheça o seu erro, a paz e o amor reinam, e Deus se agrada disso também.

8 de julho

"Sendo assim, não corro como quem corre sem alvo, e não luto como quem esmurra o ar."

(1 Coríntios 9:26)

Qual é o seu alvo?

Você não pode lutar por algo se não tiver um projeto, se não traçar uma meta. Temos que ter um alvo. Qual é o seu? Aonde você pretende chegar? O que pretende conquistar? Faça essas perguntas para você e, quando obtiver as respostas, comece a batalhar focando no caminho certo que te direcionará para tudo o que você almeja. Não se corre sem ter um destino, não" se luta sem ter um desafio, não se esmurra o que não se consegue tocar, ver, apreciar. **Faça planos**, você pode! Coloque nas mãos de Deus e trabalhe até conseguir.

9 de julho

"E fazei saber a meu pai toda a minha glória no Egito"

(Gênesis 45:13)

Ele é maior em sua vida!

Diante de toda a dor causada pela rejeição por parte de seus irmãos, José construiu a sua história; foi de SONHADOR a GOVERNADOR do Egito. Deus o honrou no lugar em que mais sofreu e propagou a sua vitória pela boca daqueles que atentaram contra a sua vida. É assim que acontece na vida daqueles que creem. O Senhor cumpriu o sonho que havia lhe dado, e assim Ele fará com você, te honrará e fará com que todos saibam que **Ele é maior em sua vida**.

10 de julho

"E aproximaram-se os dias da morte de Davi; e deu ele ordem a Salomão, seu filho, dizendo: Eu vou pelo caminho de toda a terra; esforça-te, pois, e sê homem."

(1 Reis 2:1-2)

Bom caráter...

Dois conselhos de Davi para o seu filho Salomão antes da sua morte: "esforça-te" e "sê homem". Davi foi um rei que aprendeu muito com os seus erros e, por este motivo, deixou para Salomão algo muito mais precioso do que toda a sua riqueza: ensinamento e lições que o levaram a refletir sobre seu próprio caráter. Melhores que todos os bens materiais que se pode ter na terra ou que qualquer diploma são o bom caráter, a boa educação e o respeito ao próximo. Fazem parte do crescimento!

11 de julho

"Porque um crê que de tudo se pode comer, e outro, que é fraco, come legumes. O que come não despreze o que não come; e o que não come, não julgue o que come; porque Deus o recebeu por seu."

(Romanos 14:2-3)

Respeite o seu semelhante

Deus não nos colocou no lugar de juízes para julgarmos alguém. Cada um tem a sua maneira de exercer a fé. A crítica nada mais é que uma opinião sobre algo que não corresponde aos nossos conceitos e, com ela, com ou sem intenção, ferimos pessoas. **Tudo em excesso faz mal**, e isso diz respeito às nossas opiniões não solicitadas também. Respeite o seu semelhante.

12 de julho

"No passado Deus não levou em conta essa ignorância, mas agora ordena que todos, em todo lugar, se arrependam."

(Atos dos Apóstolos 17:30)

Encare o seu passado!

A melhor maneira de lidar com o seu passado é encará-lo de frente, é se responsabilizar pelos seus erros, é procurar resolver as pendências, e não fugir, deixando a culpa nas costas dos outros ou acumulando justificativas. Liberte-se do que aprisiona a sua alma. Tenha paz em seus dias e tranquilidade para dormir.

13 de julho

"E, se uma casa se dividir contra si mesma, tal casa não pode subsistir."

(Marcos 3:25)

Ore pela sua família!

Não há possibilidade de se ter uma família abençoada se houver divisão, divergências, contendas. Onde não há paz, não há alegria. Onde não há união, não há conquistas. Uma casa precisa ser construída no amor para haver construções novas. Tudo o que se divide não tem força. Ore pela sua família e não permita que a discórdia e a falta de diálogo te tornem uma pessoa estranha dentro do seu próprio lar. Repita diariamente para você mesma: "a minha família foi constituída por Deus, e somos uma bênção."

14 de julho

"E, levantando ele os olhos, disse: Vejo os homens; pois os vejo como árvores que andam. Depois disto, tornou a pôr-lhe as mãos sobre os olhos, e o fez olhar para cima: e ele ficou restaurado, e viu a todos claramente."

(Marcos 8:24-25)

Veja o que Deus tem preparado para você!

Árvores não andam. A visão desse homem, portanto, estava deturpada, e foi necessário que Jesus o tocasse e que ele olhasse para cima. O grande segredo é que ele olhou para o alto e ficou restaurado. Tire os seus olhos daquilo que deturpa a sua visão e te faz ver coisas que não existem, **foque nas coisas que são do alto**, busque o entendimento que vem do Senhor para a sua vida, assim a sua visão (fé) em relação a tudo o que você busca ter e ser será restaurada. Que os seus olhos possam ver o que Deus tem preparado para você.

15 de julho

"Deus não é homem para que minta, nem filho de homem para que se arrependa. Acaso ele fala e deixa de agir? Acaso promete e deixa de cumprir?"

(*Números 23:19*)

Deus responde nossas orações!

Deus faz com que os propósitos Dele se cumpram em sua vida de uma maneira surpreendente. Deus responde às nossas orações de forma inexplicável e, através da Sua palavra, nos instrui acerca de qualquer escolha ou decisão. Quando nos envolvemos com Ele, quando nos colocamos em Suas mãos, quando Lhe confiamos os nossos sonhos e os desejos do nosso coração, Ele faz a Sua vontade em nós e nos mostra com nitidez aquilo que o desespero ou o nosso emocional abalado e sem esperança, muitas vezes, não nos permitem ver.

16 de julho

"Portanto, meus amados irmãos, sede firmes e constantes, sempre abundantes na obra do Senhor, sabendo que o vosso trabalho não é vão no Senhor."

(1 Coríntios 15:58)

Só perdão e agradecimento...

Há coisas em nossa vida que não valem a pena mesmo, e uma delas é nos embriagarmos de tristeza porque alguém nos feriu, foi ingrato ou nos abandonou. Também não vale a pena nos colocarmos como a pior pessoa da face da terra porque algo deu errado. O segredo daquele que vive, respira e acredita em milagres e bênçãos desavisadas é recomeçar sempre. E compreender que, em momentos bons ou ruins, a vida sempre nos traz uma lição. Deus sempre nos faz crescer através delas. Tudo passa, e o que fica são as grandes experiências do que se foi. Sem ressentimento. Só perdão e agradecimento.

17 de julho

"Irmãos, deixem de pensar como crianças. Com respeito ao mal, sejam crianças; mas, quanto ao modo de pensar, sejam adultos."

(1 Coríntios 14:20)

Tenha pensamentos sadios

Se o nosso pensamento for sadio, sábio e inteligente, geraremos SENTIMENTOS de cura em nós, sem cobranças, sem exigências, sem julgamentos. O pensamento negativo tem um grande poder de construir imagens não muito agradáveis de situações, coisas e pessoas, mas temos o grande poder de dominá-lo se estivermos totalmente no centro da vontade de Deus. Pensamentos bons são grandes construtores da vida.

18 de julho

"Se creres e me ouvirdes comereis o melhor dessa terra."

(Isaías 1:19)

Seja um instrumento do bem!

Essa verdade e essa promessa não são uma imposição, e sim uma escolha. Se crermos em Deus, se realizarmos a Sua vontade e ouvirmos com prudência e atenção as Suas instruções diárias, nos fartaremos de Suas bênçãos, nos deleitaremos em Seus sonhos, que vão bem além dos nossos, e nos realizaremos Nele, mesmo que os dias difíceis cheguem. A nossa missão aqui na terra é apregoarmos o amor e levarmos aos corações palavras de vida, de fé, de coragem e de salvação, sem forçamos ninguém a nada e sem fazermos o papel de juiz sobre a vida dos outros, pois isso cabe a Deus e não a nós. Seja um instrumento do bem.

19 de julho

"Então ele se pôs a gritar: Jesus, filho de Davi, tem misericórdia de mim! [...] Jesus parou e ordenou que o homem lhe fosse trazido."

(Lucas 18:38-40)

Clame ao Senhor, Ele te ouvirá!

Se o cego Bartimeu tivesse dado ouvidos à multidão que o mandava calar e não incomodar o Mestre, ele nunca teria sido curado. Detalhe: ele era cego, mendigo e solitário. Ninguém dava nada por ele, ninguém acreditava naquele pobre coitado na beira do caminho, mas Jesus parou ao ouvir o seu clamor. Não dê ouvidos à multidão que está tentando te fazer calar e não orar, não clamar, não pedir, não agradecer a Deus, já crendo que Ele fará com que o milagre aconteça em sua vida.

20 de julho

"Porque somos feitura sua, criados em Cristo Jesus para as boas obras, as quais Deus preparou para que andássemos nelas."

(Efésios 2:10)

Somos o melhor projeto do Senhor...

Somos o melhor projeto do Senhor e cada detalhe em nós Ele desenhou com perfeição. Ele jamais colocaria uma obra sua em exposição se ela não estivesse preparada, capacitada, revisada e pronta para qualquer batalha. Lembre-se disso quando as tempestades surgirem e os ventos soprarem forte. Lembre-se que quem te fez é mais poderoso do que qualquer ação contrária à sua vida e que nada nem ninguém pode te diminuir ou dizer que você não consegue seguir.

21 de julho

"Assim como tu não sabes qual o caminho do vento, nem como se formam os ossos no ventre da mulher grávida, assim também não sabes as obras de Deus, que faz todas as coisas."

(Eclesiastes 11:5)

Ele está agindo, viu!

O mover natural das coisas nos faz conhecer o mover sobrenatural de Deus em tudo. Há coisas que fogem totalmente do nosso entendimento humano, mas que estão sendo trabalhadas por Deus para a nossa edificação e para a nossa alegria também. Oramos, nem sempre sabemos como seremos respondidos, mas temos essa certeza boa no coração de quem sem resposta não ficamos, e que Deus nos mostra o Seu grande poder naquilo que para nós é natural. Ele está agindo, viu?!

22 de julho

"Tu és o Deus que realiza milagres; mostras o teu poder entre os povos."

(Salmos 77:14)

Ele não dorme, viu?

Sabe por que JESUS transformou a água em vinho? Porque Ele não trabalha com as coisas comuns, que todo mundo sabe de onde vêm e como fazer. Ele trabalha é com o extraordinário, e a isso dá-se o nome de milagre: acontecimentos fora da nossa realidade, SOBRENATURAIS. Psiu! Ele não dorme, viu?!

23 de julho

"Tempo de buscar, e tempo de perder; tempo de guardar, e tempo de lançar fora"

(Eclesiastes 3:6)

Há tempo para tudo!

Há tempo para tudo, e nós não temos poder sobre o tempo. Há sempre algo para aprender em cada situação; e os maiores milagres acontecem dentro dessas mudanças incompreendidas do nosso coração. Não coloque a sua força em cima do que você perdeu. Deus vai te abençoar é a partir de tudo o que ficou com e em você.

24 de julho

"Não veio sobre vós tentação, senão humana; mas fiel é Deus, que não vos deixará tentar acima do que podeis, antes com a tentação dará também o escape, para que a possais suportar."

(1 Coríntios 10:13)

Anima-te!

Deus é fiel, e você conseguirá recuperar-se e recomeçar. Nada é mais forte do que Ele em sua vida. Quando estamos fracos, Ele nos fortalece com a Sua alegria e com as Suas promessas também. Temos um destino, não podemos desistir agora. A vida às vezes parece ser injusta, mas nada vai além do que podemos suportar. **Você consegue prosseguir**, você consegue se vencer. Fica de pé! Anima-te.

25 de julho

"E deitou-se, e dormiu debaixo do zimbro; e eis que então um anjo o tocou, e lhe disse: Levanta-te, come."

(1 Reis 19:5)

Você sairá dessa!

Não tenha medo! Deus está com você para te dar vitória. Fugir dos problemas não nos livra das dores. Às vezes tentamos nos esconder acreditando que nos aliviaremos, que teremos paz, mas isso só nos distanciará das soluções e nos afogará na tristeza. Fique de pé, se encha da palavra de Deus, se esforce e encare a situação. O anjo do Senhor está te tocando neste exato momento e te dando uma estratégia. Você sairá dessa! Eu creio!

26 de julho

"E me disse: Filho do homem, porventura viverão estes ossos? E eu disse: Senhor Deus, tu o sabes."

(Ezequiel 37:3)

Creia que Deus está no controle...

Não importa o que aconteça, você precisa crer que Deus está no controle de tudo e que não há nada difícil ou impossível para Ele. Ezequiel viveu o sobrenatural dentro de uma visão divina. Ele pôde contemplar a mão do Senhor trabalhando em favor de um povo que já não tinha mais esperança. Ele está te levando em espírito ao vale e te mostrando que há saída, há esperança, você pode todas as coisas.

27 de julho

"E ele me disse: Profetiza ao espírito, profetiza, ó filho do homem."

(Ezequiel 37:9)

Ficará tudo bem, tá?

Profetiza agora, profetiza cura, prosperidade, reconciliação, restauração, renovo. Profetiza portas abertas, mesmo diante das dificuldades que estamos enfrentando, profetiza, que o milagre é Deus que faz. Só Ele sabe o que é bom para nós. Aos olhos naturais parece que tudo está perdido, mas aos olhos da fé há um mover extraordinário nos dizendo que ficará tudo bem, que dará tudo certo, e que sozinhos não estamos.

28 de julho

"Ainda que eu andasse pelo vale da sombra da morte, não temeria mal algum, porque tu estás comigo; a tua vara e o teu cajado me consolam."

(Salmos 23:4)

O Senhor está guardando a sua vida!

Assim como o pastor protege as ovelhas do perigo, o Senhor nos protege da sombra da morte, do mal que nos acompanha e que não vemos, dos perigos que não são revelados a nós, dos laços preparados para nos derrubar. Ele é o nosso pastor e nos faz voltar ao caminho quando, por alguma razão, nos desviamos dele. **Não se preocupe**, o Senhor está guardando a sua vida!

29 de julho

"Por que nos fizeste isto, fazendo-nos sair do Egito?"

(Êxodo 14:11)

Ele não tem deixado nada te faltar...

O povo de Israel esperou por anos a sua liberdade, mas, quando se viu livre, desejou voltar para o Egito, porque já estava acostumado a ser escravo. Não se esqueça, por nada nessa vida, de quem você é, nem do que você já teve que enfrentar para ser quem você é. Não se acostume com o sofrimento. **Você é livre**. A satisfação de ter uma história vivida, vencida e com boas experiências a serem contadas tem que ser sua, de mais ninguém. **Agradeça a Deus** diariamente ao invés de reclamar. Ele não tem deixado nada te faltar.

30 de julho

"Portanto, se alguém está em Cristo, é nova criação. As coisas antigas já passaram; eis que surgiram coisas novas!"

(2 Coríntios 5:17)

Tudo novo se fez...

Se abra às mudanças necessárias e, por favor, evite remoer o que não foi bom para você. Ao se deitar, ao se levantar, ao se olhar com mais profundidade, lembre-se diariamente de que você nasceu com propósitos e, por mais que os acontecimentos anteriores tenham lhe causado alguns danos, o agora é o momento mais oportuno para provar a você mesmo que não é o fim, que a vida continua, que você sobreviveu para continuar vivendo a sua história. **Tudo novo se fez!**

31 de julho

"Senhor meu Deus, em ti confio; salva-me de todos os que me perseguem, e livra-me."

(Salmos 7:1)

Vamos orar?

Em suas mãos coloco a minha vida e aos seus cuidados, os meus sonhos e planos. Faça a Sua vontade, Senhor, me guie em Seus caminhos, me mostre os meus erros, me ensine a andar conforme a Sua palavra, não me deixe tropeçar nem se afaste de mim. Agradeço-Lhe por mais um mês vencido e peço-Lhe que me abençoe para todo o sempre! **Amém!**

Minha oração

Agosto

Mova-se!

Não importa quantas vezes o seu coração foi ferido: se você tiver um pouquinho só de força, por favor, mesmo que quase arrastando, se levante e decida seguir. Se levante por você, pela sua história de vida, pelos seus sonhos, pela sua vontade imensurável de ser feliz, pelo amor de Deus que transborda em você e por você. Se levante para lutar por tudo aquilo em que você ainda acredita, mesmo estando tão debilitada emocionalmente. Se levante pela fé que você carrega nessa alma tão machucada e cansada, mas se levante. Nas voltas que o mundo dá, se acomodar na dor é a pior das escolhas. Mova-se! Supere-se.

1º de agosto

"E Davi era o menor [...]"

(1 Samuel 17:14)

Deus te ama pela sua identidade verdadeira

Descubra os seus pontos fortes, aquilo que mais te define, que mais te põe em destaque. Davi não tinha tamanho nem características de soldado, mas tinha coragem, ousadia e temor a Deus, diferentemente dos seus irmãos, que tinham características de guerreiros, mas passaram 40 dias fugindo do gigante Golias. Assuma-se! Deus quer usar você, Ele te ama pela sua identidade verdadeira, aquela gerada pela alma, não pela aparência.

2 de agosto

"Disse mais Samuel a Jessé: Acabaram-se os moços? E disse: Ainda falta o menor"

(1 Samuel 16:11)

Aproveite o seu momento!

Se Deus te escolheu, é porque viu em você capacidade para vencer, prosperar, se destacar, crescer e cumprir o que Ele tem proposto para você. O que os outros pensam a seu respeito é um problema bem grande, mas não seu: é um problema deles. Preocupe-se em aprender com cada situação, aproveite o seu momento, calcule o seu tempo e entenda que ele é precioso demais para você perdê-lo com insignificâncias.

3 de agosto

"[...] acendeu-se a ira de Eliabe contra Davi, e disse: Por que desceste aqui? Com quem deixaste aquelas poucas ovelhas no deserto? Bem conheço a tua presunção, e a maldade do teu coração, que desceste para ver a peleja."

(1 Samuel 17:28)

Vá em direção a seus objetivos...

Muitos vão admirar a sua coragem, muitos vão te odiar pelo mesmo motivo. Sendo amado ou odiado, vá em direção aos seus objetivos sem se deixar levar pela insatisfação de quem não entende ou não conhece os propósitos de Deus na sua vida. Hoje é um excelente dia para você começar a se desprender de tudo o que já afetou a sua autoestima por causa do julgamento dos outros. Dê uma faxina geral na sua mente e jogue fora tudo o que te faz pensar que você não é capaz.

4 de agosto

"Disse mais Davi: O Senhor me livrou das garras do leão, e das do urso; ele me livrará da mão deste filisteu."

(1 Samuel 17:37)

Deus não muda!

Davi era conhecido pela sua ousadia e se garantia muito na sua força, sabe por quê? Ele tinha Deus a seu favor e, além disso – ninguém conhecia essa história –, ele havia sido treinado pelo Senhor no campo das ovelhas, sem ninguém aplaudindo. Poucos conhecem a sua história de vida, mas você sabe muito bem que já venceu situações piores do que as atuais e venceu todas. Confie em Deus, Ele é o mesmo de ontem, não muda.

5 de agosto

"E temia Saul a Davi, porque o Senhor era com ele e se tinha retirado de Saul."

(1 Samuel 18:12)

Continue sendo você!

Davi tinha um nome com Deus, ao contrário de Saul, que havia sido rejeitado por Ele. Nem todos vão te amar, alguns vão até tentar te prejudicar simplesmente pelo que Deus faz por você. Não se preocupe, Ele sempre será a sua defesa e não deixará de te honrar por isso. Quanto mais te perseguirem, mais Ele te colocará em destaque. **Continue batalhando** pelos seus sonhos sem maltratar ninguém. Continue sendo você!

6 de agosto

"E, entrando num dos barcos, que era o de Simão, pediu-lhe que o afastasse um pouco da terra"

(Lucas 5:3)

Nada é em vão...

Às vezes, Deus nos afasta de tudo o que nos tira a visão do milagre. Jesus mandou que Pedro se afastasse da superfície e fosse para o mar, mesmo sabendo que ele estava cansado por ter trabalhado a noite toda e nada pescado. **Ele sabe o seu limite** e também conhece o seu coração e a sua necessidade. É no momento certo que Ele age, apenas obedeça-O, nada é em vão.

7 de agosto

"O Senhor é o meu pastor, nada me faltará."

(Salmos 23:1)

Ele é e sempre será seu pastor!

Após ter vencido tantas guerras, após ter passado pelos desertos e após ter sido salvo de várias ciladas contra a sua vida; depois de ter cometido tantos erros, que foram perdoados por Deus, Ele reconhece que sempre foi cuidado, protegido e sustentado pelo Senhor nos seus piores momentos. **Ei, Deus cuida de você!** Declare o seu amor por Ele! Renda-se a Ele! Nada te faltará porque Ele é e sempre será o seu PASTOR.

8 de agosto

"Assim o Senhor salvou Israel naquele dia da mão dos egípcios; e Israel viu os egípcios mortos na praia do mar."

(Êxodo 14:30)

Deus te livra!

Não espere coisas pequenas de um Deus que faz o improvável. Os israelitas se viram sem saída quando se depararam com o mar e os inimigos logo atrás, mas Deus agiu na hora certa, dando um espetáculo maravilhoso do Seu poder e da Sua soberania. Ele abriu o mar e o povo atravessou. Para os inimigos, Ele fechou o mar, assim todos morreram. Psiu! Deus te livra dos inimigos da sua alma, te faz atravessar o mar e te dá descanso no final. **Creia!**

9 de agosto

"Depois disse Moisés a Arão: Dize a toda a congregação dos filhos de Israel: Chegai-vos à presença do Senhor, porque ouviu as vossas murmurações."

(Êxodo 16:9)

Não seja ingrato!

Sabe, gente, Deus não se agrada de murmuradores, aqueles que só sabem reclamar ao invés de agradecer. Aqueles que não reconhecem o Seu cuidado, a Sua proteção, os Seus livramentos, tampouco o seu poder. Ore ao invés de reclamar. Deus sabe o que faz. Se tem uma coisa que Ele jamais fará é te deixar no sofrimento. Ele quer o seu bem, Ele zela pela sua vida, Ele tem cuidado de você. Não seja ingrato! **O Seu amor por nós é imenso!**

10 de agosto

"Teve José um sonho, que contou a seus irmãos; por isso o odiaram ainda mais."

(Gênesis 37:5)

Seja vigilante!

Discipline a sua boca para que ela não revele os segredos do seu coração a quem não torce para o seu sucesso. Há um ditado popular que diz que o que ninguém sabe ninguém estraga. Seja vigilante, nem todos estão desejando o seu sucesso; às vezes, pessoas que estão do seu lado não estão realmente com você. Os irmãos de José o odiavam por ser o filho mais amado de seu pai, o odiaram ainda mais por saber que Deus havia lhe dado um sonho.

11 de agosto

"Então o mesmo Daniel sobrepujou a estes presidentes e príncipes; porque nele havia um espírito excelente."

(Daniel 6:3)

Ande pela direção de Deus

Procure agradar ao Senhor e priorizá-lo em tudo o que você faz. Coloque-O acima de tudo e de todos e não tome decisão alguma sem antes consultá-Lo. Ande pela Sua direção e tudo dará certo em sua vida. Quando nos sujeitamos a Deus e O colocamos à frente de tudo em nossa vida, Ele nos coloca em lugar de honra e faz com que todos contemplem em nós a Sua luz. No meio de tantos homens renomados, Daniel se destacou por ter um espírito excelente, viu?! Ele sabia como se comportar, ele respeitava as pessoas, ele sabia o seu lugar e o lugar em que Deus poderia colocá-lo.

12 de agosto

"Então o rei ordenou que trouxessem a Daniel, e lançaram-no na cova dos leões. E, falando o rei, disse a Daniel: O teu Deus, a quem tu continuamente serves, ele te livrará."

(Daniel 6:16)

Seja fiel a Deus...

Daniel foi lançado na cova dos leões pela sua fidelidade com Deus e se manteve firme em sua fé. Em momento algum temeu ou se rendeu à vontade daqueles que lhe desejavam mal. Deus o livrou da morte na cova para provar que não importa a situação, Ele é fiel com aqueles que são fiéis a Ele em qualquer circunstância. Seja fiel, **não se dobre diante do problema, Deus é maior que ele.**

13 de agosto

"Depois disse Deus a Jacó: Levanta-te"

(Gênesis 35:1)

Se cuida , tá?

Deus deu uma ordem a Jacó para que ele se movesse, ficasse de pé, reagisse. Diante das perseguições, reaja conforme Deus te ordenar. Não estou dizendo para você responder à altura quem te confronta, mas se posicionar e sair do lugar que te deixa aflito, se afastando totalmente do meio daqueles que estão tentando te atingir. **Você precisa se cuidar!**

14 de agosto

"O Senhor pelejará por vós"

(Êxodo 14:14)

É tudo no tempo certo!

O senhor pelejará por você. Está difícil? Ore. Hoje poderá ser um dia muito diferente de todos os outros. Deus não te abandona. Às vezes, por estarmos tão desesperados e ansiosos por uma resposta, acreditamos que não conseguiremos vencer as batalhas da vida, que nada melhorará. Infelizmente, a nossa mente foi treinada para o agora, mas Deus nos diz: espera, o meu tempo em sua vida chegará. Ei, tenha paciência! Não seja tão apressado em suas deduções em relação à obra divina, é tudo no tempo certo.

15 de agosto

"E tomaram-no, e lançaram-no na cova; porém a cova estava vazia, não havia água nela."

(Gênesis 37:24)

Ele sabe o que faz!

Lançaram José na cova a fim de matá-lo, mas não havia água nela. Quando há um propósito divino, tudo o que vem contra a sua vida se torna a favor. Nenhum mal prevalece, nenhuma porta se fecha. Continue agradecendo a Deus por tudo diariamente. Continue louvando-O por cuidar de você, por te livrar da morte, do perigo, das armadilhas que preparam para você. Ele sabe o que faz.

16 de agosto

Para a sua meditação

"A minha porção é o Senhor, diz a minha alma; portanto esperarei nele. Bom é o Senhor para os que esperam por ele, para a alma que o busca. Bom é ter esperança, e aguardar em silêncio a salvação do Senhor."

(Lamentações 3:24-26)

17 de agosto

"Venham a mim, todos os que estão cansados e sobrecarregados, e eu lhes darei descanso."

(Mateus 11:28)

Ele é o seu socorro...

Não se sinta obrigada(o) a carregar tudo sozinho, suas lutas, seus problemas, suas dores. Você não precisa guardar tudo dentro de você, isso não é ser forte. Sua força está em Deus, Ele é o seu socorro, e espera que você se aproxime Dele em oração e com fé para te dar uma direção e descanso. Se hoje você não acordou bem e está se sentindo sobrecarregada(o) por tantas coisas que acontecem em sua vida, se dê uma pausa e apresente-Lhe tudo o que inquieta a sua alma.

18 de agosto

"Porque Deus tanto amou o mundo que deu o seu Filho Unigênito, para que todo o que nele crer não pereça, mas tenha a vida eterna."

(João 3:16)

Para todo propósito há um processo...

Você acredita mesmo que, se Deus tivesse esquecido de você, teria dado o Seu único filho para morrer no seu lugar? Às vezes, o que não faz sentido para você hoje fará todo o sentido quando você se vir exatamente no lugar em que o seu coração deseja chegar e, claro, com as suas conquistas nas mãos. Pare de focar nos barulhos à sua volta e exerça a sua fé. Para todo propósito há um processo, e isso não quer dizer que Deus te jogou lá é fugiu. Ele estará com você até cruzar a linha de chegada, e continuará com você.

19 de agosto

"Em tudo dai graças; porque esta é a vontade de Deus em Cristo Jesus para convosco."

(1 Tessalonicenses 5:18)

A Gratidão é um dom!

A gratidão nos melhora como pessoas, eleva a nossa autoestima, melhora os nossos relacionamentos, nos aproxima mais de Deus e nos traz garantias de paz e tranquilidade na alma. A gratidão é um dom e **faz bem para a nossa saúde também.** Pessoas gratas enxergam coisas boas em tudo.

20 de agosto

"Restaurarei o exausto e saciarei o enfraquecido."

(Jeremias 31:25)

Pense nisso!

O que controla os seus pensamentos e sentimentos não controla Deus. Saiba que é Ele quem está no controle de tudo. Embora não conheçamos totalmente o Seu propósito em relação à nossa vida, Ele é responsável por nós e quer nos honrar, nos fazer crescer, nos fazer prosperar. Ele quer que estejamos bem e realizados. Se o cansaço tentar te desanimar, vença-o e não se permita retroceder. Você já caminhou uma estrada longa para ter que desistir agora. Pense nisso!

21 de agosto

"Se Deus é por nós, quem será contra nós?"

(Romanos 8:31)

O poder Dele é maior

Se interpretarmos literalmente essa pergunta, percebemos que há várias situações que vêm contra nós. Poderíamos listá-las aqui. Em todas as áreas, em vários sentidos da vida, há sempre algo contra nós; mas, se Deus é por nós, o que é contra já não existe, porque o poder Dele é maior, sabemos disso. Ele é por você! Repita isso várias vezes, Ele é comigo, Deus é comigo, não estou só, Deus está comigo! Repita até você entender que a todo instante você está bem guardada(o) por Ele. O mal não tem força.

22 de agosto

"Então lhe disse: Se tu mesmo não fores conosco, não nos faças subir daqui."

(Êxodo 33:15)

Deseje a presença do Senhor...

Moisés desejou a presença de Deus e não quis ter que seguir sem ela. Não sei como você acordou hoje, como está o seu coração nem quais são os seus planos, mas deseje a presença do Senhor em cada minuto do seu dia. Sei que, às vezes, confiar, acreditar que Ele está por perto quando o nosso coração está apertado e triste é muito difícil, mas te afirmo que Ele está. O Senhor se agrada quando fazemos questão da sua presença, sabemos que Ele não nos deixa, mas Ele se agrada quando declaramos que, de fato, sem Ele nada somos e nada podemos fazer.

23 de agosto

"Jesus chorou. Disseram, pois, os judeus: Vede como o amava."

(João 11:35-36)

Você só precisa se mover

Lázaro era amigo de Jesus. Jesus chorou pela sua morte, foi ao sepulcro, mandou que retirassem a PEDRA, o chamou pelo nome, ordenando que saísse, e assim aconteceu. Logo em seguida, mandou que retirassem os panos que o impediam de se mover e o libertou. A única coisa que Lázaro fez nesse processo foi ouvir a voz do seu amigo e dar o primeiro passo, sair do sepulcro. Psiu! Saia desse abismo emocional, saia desta tristeza que aprisiona a sua alma, saia desse medo de não conseguir, você só precisa se mover.

24 de agosto

"Cuidem que ninguém se exclua da graça de Deus; que nenhuma raiz de amargura brote e cause perturbação, contaminando muitos"

(Hebreus 12:15)

Só leia!

Eu sempre disse para mim mesma que preciso ser muito mais forte que qualquer sentimento lançado contra mim, em forma de palavras ou atitudes, que pode afetar o meu emocional e a minha comunhão com Deus. É difícil guerrear com o nosso próprio coração quando a ira ou a mágoa invadem a nossa alma. Aprendi que não tenho nenhum poder para controlar o que as pessoas fazem contra mim, mas posso sufocar a semente ruim que foi lançada, impedindo-a de gerar frutos amargos em mim.

25 de agosto

"Pois vocês sabem que a prova da sua fé produz perseverança."

(Tiago 1:3)

Persevere...

Acredite em você! Não dê ouvidos a quem duvida dos seus sonhos. Aprendi que, mesmo que alguém nos apoie e queira o nosso bem e o nosso sucesso, só sabemos explicar o que isso significa pra gente. As pessoas torcem pela gente, mas quem encara as batalhas pelos caminhos somos nós. Portanto, se apegue com Deus em sua caminhada, passe pelos processos de cabeça erguida, ore e não ceda aos cansaços. **Tudo depende da nossa força de vontade e fé**. Persevere!

26 de agosto

"Pois, se perdoarem as ofensas uns dos outros, o Pai celestial também perdoará vocês. Mas, se não perdoarem uns aos outros, o Pai celestial não perdoará as ofensas de vocês."

(Mateus 6:14-15)

O perdão é liberta(dor)!

Perdoe a quem feriu você! Perdoe a quem falou mal da sua vida sem se dar uma oportunidade de te conhecer! Perdoe a quem não te ajudou em alguma situação difícil, perdoe àquela pessoa que trabalha com você e já tentou te prejudicar. Perdoe aos seus pais, à sua família. O perdão é liberta(dor)! Por mais que o outro tenha errado com você, carregar ressentimentos só trará danos à sua alma e fará com que a sua caminhada seja lenta. **Livre-se dessas bagagens pesadas**, você não precisa carregá-las com você. Deus te quer forte e com o coração limpo. Perdoe e se torne merecedor(a) do perdão.

27 de agosto

"Porque Deus não nos deu o espírito de temor, mas de fortaleza, e de amor, e de moderação."

(2 Timóteo 1:7)

Não permita que o medo te paralise!

Não tenha medo de tentar. O medo nos paralisa e embaça a nossa visão a ponto de não conseguirmos enxergar Jesus na nossa frente. Ocorreu isso com Pedro no que poderia ser o acontecimento mais extraordinário da sua vida. Ele deu os primeiros passos sobre as águas, mas, com o barulho à sua volta, teve medo e começou a afundar. Ainda bem que Jesus o segurou pela mão, mas infelizmente ele perdeu essa oportunidade. **Psiu!** Você está com medo de realizar algo? Tudo bem, é normal sentir medo, mas te aconselho a ir com medo mesmo, não permita que ele te paralise.

28 de agosto

"Meu filho, guarde consigo a sensatez e o equilíbrio, nunca os perca de vista"

(Provérbios 3:21)

Nossas atitudes são observadas...

Se o seu coração estiver triste, ore! Se estiver ansioso, ore! Se estive irado ou inconformado com alguma coisa, situação ou pessoa, ore também, mas não tome decisões precipitadas quando emocionalmente você não estiver bem. Esfrie a cabeça, deixe o tempo passar, se acalme, melhore, e só quando estiver com os pensamentos ajeitados e tranquilos resolva o que precisa resolver. Sensatez e equilíbrio também fazem parte da nossa vida com Deus. **Nossas atitudes são observadas.**

29 de agosto

"Ao Senhor clamo em alta voz, e do seu santo monte ele me responde."

(Salmos 3:4)

Fale com Deus...

Fale com Deus antes de qualquer atividade do seu dia. Apresente a Ele o que o seu coração está sentindo, as suas dificuldade e o quanto, às vezes, você se sente fraca(o) e desmotivada(o) diante dos seus problemas. **Ele é Pai**, gosta e quer te ouvir e, como Pai, Ele sempre te dará uma direção certa para tudo.

30 de agosto

"Ora, àquele que é poderoso para fazer tudo muito mais abundantemente além daquilo que pedimos ou pensamos, segundo o poder que em nós opera"

(Efésios 3:20)

O que vem de Deus para nós é melhor...

Nem tudo o que eu pedi a Deus recebi, mas sei que tudo que tenho e sou já faz parte dos planos Dele em minha vida. Precisamos aprender que a Sua vontade muitas vezes difere da nossa, e que as nossas vontades quase sempre são direcionadas pelos nossos sentimentos, não pelo que realmente precisamos para ter uma vida abençoada e feliz. O que vem de Deus para nós é melhor, sempre será. Quando Ele projeta algo para nós, **Ele coloca tudo, até o que nunca imaginamos ter**.

31 de agosto

"Regozijai-vos sempre no Senhor; outra vez digo, regozijai-vos. Seja a vossa equidade notória a todos os homens. Perto está o Senhor."

(Filipenses 4:4-5)

Uma oração para o seu dia!

Amado Deus, em Sua presença me coloco neste exato momento para glorificar o Seu Santo nome e te agradecer por tudo o que fizeste por mim. Mais um dia se inicia, mais um mês vai chegando ao fim, e o Senhor tem estado comigo nas batalhas, ora me fortalecendo, ora pelejando por mim. Sei que nem sempre as coisas acontecem como nós planejamos, mas confio nos Seus planos, entrego em Suas mãos os meus dias, descanso nos Seus cuidados e Te peço, meu Deus, para me guardar do malfeitor e me proteger com o Seu amor. Sei que perto está o Senhor! Alegro-me em Ti, meu Pai! **Amém!**

Minha oração

Setembro

Exerça a gratidão!

"Não estejais inquietos por coisa alguma; antes, as vossas petições sejam em tudo conhecidas diante de Deus, pela oração e súplicas, com ação de graças. E a paz de Deus, que excede todo o entendimento, guardará os vossos corações e os vossos sentimentos em Cristo Jesus."

(Filipenses 4:6-7)

Em situações favoráveis ou não, agradeça sempre a Deus. Agradeça-Lhe pela sua família, pelos seus amigos, pelo pão de cada dia, pela força que ainda pulsa em você, mesmo diante dos tantos desafios que a vida te propõe. Agradeça-Lhe por esse novo dia que surge e por te encorajar a seguir, mesmo sem saber o que vem pela frente. Agradeça-Lhe por te dar mais uma oportunidade de poder recomeçar sem olhar para as dificuldades passadas, sem retroceder na fé, e por todos os livramentos. Agradeça-Lhe sempre por cuidar tão bem de você e por te manter de pé. Ele é perfeito no que faz! Ele sabe muito bem do que você precisa e quem você realmente é.

1º de setembro

"[...] esquecendo-me das coisas que ficaram para trás e avançando para as que estão adiante."

(Filipenses 3:13)

Siga adiante...

Se você está disposta(o) a esquecer o passado, precisa estar disposta(o) a aprender a lidar com as perdas. Não se sobrecarregue com a culpa nem traga para o seu presente o "se" ("se eu tivesse feito isso ou aquilo, teria sido diferente"). As coisas só caminham para frente quando nos posicionamos e deixamos para trás tudo o que precisa ser esquecido. Siga adiante, se agarre às novas oportunidades e não fique por aí tentando entender o que já se foi. Tudo novo se fez, entenda isso e prossiga, **Deus está te refazendo**.

2 de setembro

"Recordarei os feitos do Senhor; recordarei os teus antigos milagres. Meditarei em todas as tuas obras e considerarei todos os teus feitos."

(Salmos 77:11-12)

A vida continua...

O processo se inicia ao entendermos que para tudo nessa vida há uma preparação, e que vencer não é opção, é determinação. Nada se conquista estando parado. Ninguém vence uma guerra sem se ferir. Todas as coisas pelas quais passamos nos ensinam algo e nos fortalecem também. A sua história de vida é dividida em capítulos. Alguns deles são difíceis, mas nada é impossível para o nosso Deus, nada é impossível para nós que cremos. Vamos que vamos! Temos sonhos para lá de bonitos e não podemos parar. A vida continua, e hoje é só mais um milagre que recebemos. Te desejo um dia excelente! Traga à sua memória as grandes obras do Senhor, considere-as, e a sua esperança será renovada.

3 de setembro

"Mantém longe de mim a falsidade e a mentira; Não me dês nem pobreza nem riqueza; dá-me apenas o alimento necessário."

(Provérbios 30:8)

Caminhe devagar...

Seja próspero, trabalhe, tenha sucesso, conquiste, mas não perca o controle de nada que Deus já te deu pelo mover da sua fé e oração. Não permita que o orgulho te encha de você mesmo nem que a ganância e a vontade de sempre ter mais te afastem de Deus. Salomão pediu-Lhe o necessário, apenas o necessário que lhe desse conforto, segurança e que suprisse as suas necessidades. A fraqueza humana às vezes nos leva a querer sempre mais, mas a sabedoria de Deus nos ensina que os excessos fazem mal e costumam nos roubar a sensatez, o equilíbrio, a humildade e a dignidade também. Caminhe devagar, que **tudo dará certo em sua vida** e você sempre será bem-sucedido financeiramente e espiritualmente também.

4 de setembro

"E assim abençoou o Senhor o último estado de Jó, mais do que o primeiro"

(Jó 42:12)

Continue!

Jó perdeu tudo – filhos, bens, saúde –, mas, diante de suas perdas, não perdeu a visão de Deus nem a sua confiança Nele, embora tenha amaldiçoado o próprio dia em que nasceu. O final da sua vida foi melhor que o início, ele recebeu tudo em dobro, menos os filhos, **TEVE NOVOS FILHOS**. Sabe o que aprendo com isso? Certas perdas são irreparáveis e não é fácil lidar com elas. A saudade vem, a vontade de chorar vem, o medo de não conseguir seguir adiante também, mas nada como um dia após o outro e as coisas se ajeitando na vida da gente. Continue! A sua história continua, **continue!**

5 de setembro

"Tu conservarás em paz aquele cuja mente está firme em ti; porque ele confia em ti.

(Isaías 26:3)

Ele é contigo!

Proteja o seu coração e não se desgaste com os problemas. Deus conservará a sua mente em paz, te dará descanso e te mostrará um caminho para resolvê-los se, além de colocar toda a sua situação nas Suas mãos, você colocar também a sua confiança. Você precisa confiar e deixar que Ele trabalhe na sua situação. Faça o que estiver ao seu alcance, mas o que não estiver, pode ter certeza de que Ele fará. Ele é contigo!

6 de setembro

"Deixo a paz a vocês; a minha paz dou a vocês. Não a dou como o mundo a dá. Não se perturbe o seu coração, nem tenham medo."

(João 14:27)

Se permita!

Para ter a verdadeira paz de Jesus Cristo, é preciso resolver os seus conflitos internos e descansar Nele. Confiar que Ele fará o impossível em sua vida; crer que Ele resolverá o que for preciso também; acreditar que, se as portas se fecharem para você, Ele abrirá outras; que, se alguém não te estender as mãos, Ele te carregará no colo. Não se esqueça que o Seu poder é grande, que Ele governa a sua vida e que você pode Nele que te fortalece. Respire! Se cuide! Se permita!

7 de setembro

"Se, porém, não lhes agrada servir ao Senhor, escolham hoje a quem irão servir"

(Josué 24:15)

Deixe que Ele faça morada em seu coração!

Deus não divide a glória Dele com ninguém nem nos obriga a servi-lo. Ele nos ama incondicionalmente e nos deixa livres para fazermos as nossas escolhas. Mas quer saber? Estar em Sua presença sempre será a nossa melhor escolha. Permita que Ele faça morada em seu coração, deixe que Ele faça a vontade Dele em sua vida, que tudo será perfeito. Mesmo diante de algumas batalhas, a vitória será sua. Deixe que Ele te molde, te faça de novo, te dê uma nova identidade! Faça isso por você! Diga para Ele o quanto você O ama e o quanto O deseja em sua vida!

8 de setembro

"E deu à luz a seu filho primogênito, e envolveu-o em panos, e deitou-o numa manjedoura, porque não havia lugar para eles na estalagem."

(Lucas 2:7)

Ele só quer te ajudar!

Não havia hospedarias desocupadas para que José e Maria se hospedassem, o nascimento de Jesus estava para qualquer momento, mas os lugares possíveis estavam todos ocupados. Às vezes, nos ocupamos tanto que não sobra tempo para hospedarmos Jesus em nós. Queremos resolver tudo, nos cansamos e nos estressamos, quando, na verdade, Ele só quer um cantinho, uma permissão para trazer vida a tudo que já se perdeu de nós: a alegria, a força, a coragem, a esperança ou até mesmo a fé. Psiu! Ele quer te ajudar! **Dê lugar a Ele**.

9 de setembro

"Assim diz o Senhor dos Exércitos: Considerai os vossos caminhos."

(Ageu 1:7)

Em qual direção você está indo?

Onde está o seu coração? É essa a pergunta que te faço. Em quem você tem confiado? Em qual direção você está indo? Quem e o que você tem priorizado em sua vida? Considere os seus caminhos e comece a se analisar. Certas escolhas, ao invés de nos fazerem avançar e ter ótimos resultados, nos fazem retroceder e fracassar. Nem tudo é desafio, há situações geradas por decisões que tomamos que não estavam nos planos de Deus para nós cujas consequências são muito ruins. Considere os seus caminhos, as suas escolhas e prioridades. **Se organize espiritualmente e emocionalmente também**. Quando o nosso lar interno está organizado, a nossa alma encontra paz, viu?!

10 de setembro

"Tu, porém, vai até ao fim; porque descansarás, e te levantarás na tua herança, no fim dos dias."

(Daniel 12:13)

Falta pouco para você chegar lá!

Tudo o que Deus começa, Ele termina. As coisas não podem ficar pela metade. Você precisa entender que é preciso esforço, dedicação e muita força de vontade para ir até o fim e alcançar o que o seu coração deseja. Você sabia que é na reta final que o cansaço sempre vem mais forte, assim como a vontade de desistir? Você já andou tanto, já passou por tanta coisa, já renunciou a tantas outras para abraçar os seus sonhos que desistir agora, além de ser uma derrota, é muita covardia com você mesmo. Falta pouco para você chegar lá! **Vá logo, não perca tempo**.

11 de setembro

"Vai, pois, povo meu, entra nos teus quartos, e fecha as tuas portas sobre ti"

(Isaías 26:20)

Não se desespere!

Às vezes, pelo excesso de sentimentos ou pelo desespero, abrimos portas que não deveríamos abrir e confidenciamos nossas dores a pessoas que só mereciam o nosso amor e respeito. As tempestades, quando encontram as portas abertas, tiram tudo do lugar sem ordem ou consideração. Se você conseguir ver isso e aprender a fechar as portas da sua vida, entenderá que muitas de suas lutas e sofrimentos foram gerados pela sua falta de percepção. Há coisas em nossa vida que só cabe a Deus conhecer.

12 de setembro

"Persuade-o, e vê em que consiste a sua grande força, e como poderíamos assenhorear-nos dele e amarrá-lo"

(Juízes 16:5)

Vigia, tá?!

Preciso te alertar sobre os sinais, e te fazer entender que nada em nossa vida acontece de repente ou por acaso, nenhum vento sopra sem fazer barulho, ninguém é tão ingênuo a ponto de não perceber o mal escondido no coração de alguns, infelizmente. Nem todos estão preparados para entrar em nossa intimidade e conhecer toda a nossa casa. Dalila foi paga para persuadir Sansão e descobrir em que consistia a sua força. Lembre-se, ela primeiro ganhou os sentimentos e a confiança dele, depois o entregou aos inimigos. Psiu, vigia, tá?!

13 de setembro

"Não sejam iguais a eles, porque o seu Pai sabe do que vocês precisam, antes mesmo de o pedirem."

(Mateus 6:8)

O tempo é Dele!

Não se sinta menor que ninguém, nem incapaz, nem decepcionado diante da ingratidão de alguém. Por mais demorado que seja, aquilo que o Senhor preparou para a sua vida chegará. O tempo é Dele e **Ele sabe exatamente do que você precisa**. Ele sabe o quanto você anseia crescer profissionalmente, o quanto você tem orado por uma mudança dentro da sua casa, na sua vida, no seu casamento, o quanto a sua vida financeira precisa ser transformada, o quanto a sua alma precisa de cura. Ele sabe tudo. Fique bem! E não culpe ninguém por nada. Só confie...

14 de setembro

"Eu, porém, vos digo: Amai a vossos inimigos, bendizei os que vos maldizem"

(Mateus 5:44)

Isso agrada a Deus...

Aqueles que tentam nos prejudicar nos lançam desafios externos e internos, nos treinam, nos ensinam a lutar com mais cuidado, nos fazem descobrir (em nós) habilidades que o comodismo e a política da boa vizinhança não nos permitiam conhecer. Não serei hipócrita a ponto de dizer que não nos entristecemos, mas, com o tempo e com o crescimento que adquirimos, deixamos para lá o que não foi bom, perdoamos, sim, e abraçamos as conquistas que Deus nos entrega em forma de bênçãos e milagres. Ore por eles e os abençoe também. Isso agrada a Deus **e acrescenta bênçãos em nossa vida**.

15 de setembro

"Mas o rosto do Senhor é contra os que fazem o mal. E qual é aquele que vos fará mal, se fordes seguidores do bem?"

(1 Pedro 3:12-13)

Ninguém perde por fazer o bem!

Bem ou mal, tudo nessa vida tem retorno. Aquilo que espalhamos de bom florescerá no coração de alguém e enfeitará o nosso jardim futuro. **Não fique remoendo aquilo que o outro deixou de fazer por você** nem as vezes em que ele te abandonou quando você mais precisava, seja honesta(o) com os seus sentimentos e preserve sempre a riqueza de seus valores. É do alto que vem a nossa maior recompensa, é por Deus que somos reconhecidos e é por Ele que somos abençoados... Há muita verdade nisso: ninguém perde por fazer o bem.

16 de setembro

"Há palavras que ferem como espada, mas a língua dos sábios traz a cura."

(Provérbios 12:18)

Suas palavras têm poder...

Há poder nas palavras, **não se esqueçam disso, por favor!** Há palavras que bendizem e há aquelas que maldizem, todas têm muita força e fazem muita diferença na vida de quem as profere e de quem as recebe. Seja instrumento do amor e use as suas palavras para transformar, edificar, elevar a autoestima de alguém, trazer mais coragem para aqueles que têm medo de seguir adiante e fortalecer quem já não vê mais sentido na própria vida. Use as suas palavras para determinar suas conquistas e seu crescimento. Elas têm poder, elas têm força, elas curam.

17 de setembro

"Então, uns cuspiram-lhe no rosto e lhe davam murros, e outros o esbofeteavam, dizendo: Profetiza-nos, ó Cristo, quem é que te bateu!"

(Mateus 26:67-68)

Ame como Jesus amou...

Dá pra você imaginar essa cena? Uns cuspindo, outros batendo, outros zombando de Jesus. Na cruz, Ele rogou perdão ao Pai por todos. Por mais correto e honesto que você seja, nem todos vão te aceitar como você é nem te agradecer pelo que você fez por eles um dia, mas nem por isso Deus deixará de realizar os propósitos Dele em sua vida. Jesus sofreu tanto pela gente, passou pelas piores humilhações, foi ferido, ignorado e, ao invés de sentir ódio, **Ele só amou**. Perdoe àqueles que não fazem ideia do quanto já te feriram e siga a sua vida com a consciência tranquila e o coração leve. Ame como Jesus amou.

18 de setembro

"[...] não ambicioneis coisas altas, mas acomodai-vos às humildes; não sejais sábios em vós mesmos"

(Romanos 12:16)

Há tempo para tudo!

Aquele que deseja demais sem valorizar o que tem não cresce. Aquele que pensa alto demais sem se organizar ou valorizar os seus princípios e valores nada conquistará. Quando uma pessoa sonha alto demais sem medir as consequências dos seus atos e sem passar pelos processos da preparação, da humildade e do aprendizado, só encontrará frustração pelos caminhos afora. Tenha paciência, seja humilde para aprender, vá com mais calma, que Deus vai trabalhando com você em tudo o que o seu coração tem desejado. Há tempo para tudo!

19 de setembro

"Porque a mensagem que ouvistes desde o princípio é esta: que nos amemos uns aos outros"

(1 João 3:11)

Exerça o amor...

Amar quem nos ama é fácil e maravilhoso, mas amar quem não deseja o nosso bem ou quem já nos entristeceu é muito complicado. Nos colocando no lugar dos outros, porém, podemos entender que não somos perfeitos e que, assim como desejamos ser amados como somos, precisamos aprender a amar o outro como ele é. Quanto às suas falhas, cabe a Deus resolver. O amor recíproco é uma ordem Dele para **TODOS** nós, que amemos uns aos outros em atos e palavras. Exerça o amor!!

20 de setembro

"Nem olhos viram, nem ouvidos ouviram, nem jamais penetrou em coração humano o que Deus tem preparado para aqueles que o amam."

(1 Coríntios 2:9)

Ele tem preparado o melhor...

Nada do que já vivemos ou recebemos de Deus se compara ao que Ele tem preparado para aqueles que O amam. O que projetou para nós vai muito além do que pensamos ou imaginamos. Só precisamos entender os seus propósitos e crer que Ele fará. Nem sempre é do jeito que desejamos, mas não duvide, o seu nome já faz parte da Sua lista de abençoados. **Acontecerá, acalme-se!** O melhor Dele vai te acontecer! Prepare-se!

21 de setembro

"Porém os que te amam sejam como o sol quando sai na sua força."

(Juízes 5:31)

O brilho do Senhor está sob você!

O brilho do sol traz calor e luz, a sua chegada é sempre um espetáculo divino, e a sua beleza, incomparável. Assim será você, assim serão os seus dias, assim será a sua vida em cada lugar pelo qual você passar: o brilho do Senhor estará sobre você, que O ama com integridade e retidão. Onde você estiver, todos verão a luz que ilumina os seus caminhos e traz paz ao seu coração. Você nasceu para fortalecer a fé daqueles que já perderam a esperança através da sua história de vida. Você nasceu para fazer a diferença! Faça!

22 de setembro

"Guarda-te que não te esqueças do Senhor teu Deus, deixando de guardar os seus mandamentos, e os seus juízos, e os seus estatutos que hoje te ordeno"

(Deuteronômio 8:11)

Ele nunca esqueceu você!

Não se esqueça de Deus quando tudo na sua vida estiver bem, quando as coisas estiverem dando certo para você. Não O coloque em segundo plano quando os ventos cessarem e a sua alma estiver tranquila. Ele nunca se esqueceu de você nem te abandonou. Não te esqueças daquilo que Ele tem te ensinado nem de tudo o que Ele tem feito por você. Não desvie dos Seus caminhos nem diga ao seu coração que tudo o que você é ou conquistou foi por esforço próprio. A gratidão é uma estrada sem curvas que nos leva à honra. **Pense nisso, viu?!**

23 de setembro

"Por que estás abatida, ó minha alma? Por que te perturbas dentro de mim? Espera em Deus, pois ainda o louvarei, a ele, meu auxílio e Deus meu."

(Salmos 42:5)

Basta somente esperar...

Nem sempre estamos bem, o salmista nos confirma isso ao orientar sua alma a esperar. Ele tinha uma confiança tremenda em Deus, mas necessitava de calma para viver as esperas. Ei, as coisas só mudam em nossa vida quando ouvimos Deus e, para que Ele nos responda, precisamos falar, orar, clamar, confessar o que sentimos, como estamos e o que desejamos, além de esperar. Ele sabe tudo sobre nós, mas espera que o alcancemos de um jeito particular, pacientemente e com o coração sincero. Espere! Mesmo que a sua alma esteja aflita, convença-a de que há o tempo da espera e de que sobre ele não temos controle. Mas ela não precisa se preocupar, dará tudo certo.

24 de setembro

"Não presumas do dia de amanhã, porque não sabes o que ele trará."

(Provérbios 27:1)

Libere o perdão!

O amanhã virá. Quanto a nós, eu não sei. O nosso próximo segundo de vida, só Deus sabe como será. As pessoas que estão à nossa volta não são eternas e – de um jeito inesperado, talvez – saem sem ao menos dizer adeus. Partem sem retornos e levam de nós a grande oportunidade de termos pelo menos dito: "poderíamos ter nos conhecido melhor", ou "eu amo você", ou "me perdoe por tudo". Também podem levar a esperança de ter a sua presença por mais um segundo, que ficou para o depois e que nunca mais virá. Há perdas que são repentinas, doídas e para sempre. É por isso que digo: ame as pessoas que estão à sua volta. Libere o perdão, esqueça o passado, viva o hoje e seja grato. É assim que se deve levar a vida: sem deixar nada para depois.

25 de setembro

"O óleo e o perfume alegram o coração; assim o faz a doçura do amigo pelo conselho cordial."

(Provérbios 27:9)

Valorize os seus amigos

O amigo verdadeiro nos repreende quando percebe que estamos fazendo escolhas erradas. Todos precisamos de pessoas sinceras do nosso lado, que nos repreendem sensatamente, com sabedoria e sem altivez. Amigo que é amigo quer o nosso bem, almeja o nosso sucesso e participa das nossas alegrias. O conselho cordial de um amigo perfuma a nossa alma e faz com que ela se sinta segura e cuidada. Há amigos que chamamos de irmãos. Valorize os seus amigos, diga-lhes que você os ama e é feliz por tê-los ao seu lado em todos os momentos, bons ou ruins.

26 de setembro

"O amor seja não fingido. Aborrecei o mal e apegai-vos ao bem."

(Romanos 12:9)

Não se canse de fazer o bem!

Há um propósito em tudo! Os irmãos de José o venderam, de modo a se livrar dele, por inveja e insatisfação. Tiraram dele a liberdade, a capa, a comodidade do seu lar, mas não conseguiram tirar dele a fé, o bom caráter, a personalidade, a força nem a coragem de continuar lutando, batalhando e crescendo. Ele sofreu, mas, em sua aflição, foi preparado e honrado. Para aqueles que o jogaram um dia no buraco, ele estendeu as mãos. Não se canse de fazer o bem, de ser bom, de ser uma pessoa íntegra com as pessoas e com os seus sentimentos. Deus se agrada disso e nos honra por isso também!

27 de setembro

"Todas as coisas me são lícitas, mas nem todas as coisas convêm; todas as coisas me são lícitas, mas nem todas as coisas edificam"

(1 Coríntios 10:23)

Renuncie!

Podemos todas as coisas, somos livres, mas nem tudo nos edifica. Nem tudo é do agrado de Deus. Se você escolheu ter comunhão com Ele responsavelmente, então precisa entender que nem todo caminho te leva na direção Dele e que, para servi-Lo de todo o seu coração, você precisa renunciar a tudo o que contraria a Sua vontade, e isso inclui pensamentos, estilo de vida, comportamento, sentimentos e ações. Tudo é permitido, mas nem tudo deve ser aceito em sua vida. Deus **NÃO VAI TE IMPEDIR** de nada, mas as suas escolhas influenciarão muito em seus planos futuros. Tudo o que fazemos gera consequências.

28 de setembro

"Na verdade, na verdade vos digo que, se o grão de trigo, caindo na terra, não morrer, fica ele só; mas se morrer, dá muito fruto."

(João 12:24)

Tem coisa boa vindo por aí!

Todo bom fruto é gerado de uma semente que foi enterrada, morta. Ela não vira nada se não passar por esse processo. Nessa vida, passamos por muitas situações difíceis. Na maioria delas, somos totalmente transformados. De uma simples semente são geradas flores e folhas, são gerados frutos. É necessário que ela morra para haver crescimento. É necessário que ela fique invisível para que, no tempo certo, ela seja apreciada por sua beleza, força e mudança. Suporte o tempo, suporte este momento em que parece que você está enterrada, sem sair do lugar! Confie em Deus, logo, logo você brotará. Tem coisa boa vindo por aí! Não se desespere!

29 de setembro

"Em seu coração o homem planeja o seu caminho, mas o Senhor determina os seus passos."

(Provérbios 16:9)

Confie a Ele tudo o que é seu...

Temos sonhos, planos, desejos para lá de incríveis, mas é Deus que planeja cada detalhe da nossa vida, é Ele que nos governa e faz o que é preciso ser feito. É Ele que efetua tudo, tanto o querer quanto o realizar, assim diz a Sua palavra. Ele não revela os Seus planos, mas executa cada um deles conforme o Seu tempo e a Sua perfeita vontade. **Confie a Ele tudo o que é seu, que Ele determinará os seus caminhos.**

30 de setembro

"Na minha angústia clamei ao Senhor,
e me ouviu."

(Salmos 120:1)

Posso orar por você?

Querido Deus, neste momento te apresento a vida desta pessoa que está lendo o devocional deste dia. Peço a ti, Senhor, que a abençoe e que realize os desejos do seu coração segundo a Sua vontade, meu Pai. Não sei o que se passa na vida dela, mas o Senhor sonda e esquadrinha o nosso coração. Agora, ela está como o salmista, te clamando em sua angústia e almejando ardentemente a Sua resposta. Que o Senhor a abençoe, a fortaleça e a encoraje para viver com gratidão e vitórias desejadas cada segundo dos novos dias que virão. Te agradecemos pelo mês que se finda e Te louvamos por cuidar tão bem de nós. **Amém!**

Minha oração

Minha oração

Tudo passa!

"Ensina-nos a contar os nossos dias para que o nosso coração alcance sabedoria."

(Salmos 90:12)

Em breve, muito em breve mesmo, esse presente virará passado, e você rirá muito de tudo. Digo que rirá porque a dor se transformará em alegria, a humilhação em honra, as afrontas em aprendizados, as perdas inesperadas em valores, o mal em bem. Você vai se lembrar do quanto já se cansou por esse mundo afora e das tantas vezes em que a sua fé foi mais forte que as circunstâncias. Você entenderá o motivo de ter passado por tudo isso através de cada realização sua: o porquê de Deus ter te distanciado de algumas pessoas, o porquê de algumas portas terem se fechado... Você verá o quanto você cresceu e aprendeu dentro desses processos dolorosos e demorados. Você agradecerá muito a Deus por cada situação e compreenderá que o que para você era luta, perda, dor e sofrimento, para Ele era só uma preparação. Ele nunca se esqueceu de você.

1º de outubro

"Pois possuíste os meus rins; cobriste-me no ventre de minha mãe."

(Salmos 139:13)

Diga sim para Ele!

É nas profundezas da sua alma que Deus chega. É lá, onde nenhum ser humano entra, que Ele faz morada. É no seu íntimo que Ele trabalha. Você é um projeto Dele e, por mais que tente esconder os seus sentimentos, Ele vê em você o que ninguém vê, porque foi Ele que te formou no ventre da sua mãe. Por esse motivo, conhece toda a sua estrutura emocional, física, espiritual e sentimental. Você não precisa falar, Ele sabe o que se passa em sua vida. Não se sinta só nem se entristeça quando alguém não te der o valor que você merece, Deus te ama e quer apenas te curar e abençoar. Diga sim para Ele!

2 de outubro

"Eis que vos envio como ovelhas ao meio de lobos; portanto, sede prudentes como as serpentes e inofensivos como as pombas."

(Mateus 10:1)

Seja simples com todos!

Cuidado! Muito cuidado! Nem todos estão na nossa vida para nos fazer o bem. Jesus alertou os discípulos sobre os tipos de pessoas que eles encontrariam pela frente e os orientou a ser prudentes como uma serpente (inteligente, perceptiva, esperta) e simples como uma pomba **(com pureza no coração)**. Ele nos ensina sobre a convivência e deixa claro o alerta sobre os perigos que não estão visíveis aos nossos olhos. Com prudência e humildade, estaremos protegidos deles. Seja prudente e simples com todos.

3 de outubro

"Porque Deus não nos deu o espírito de temor, mas de fortaleza, e de amor, e de moderação."

(2 Timóteo 1:7)

Creia nisso!

Deus não nos deu o espírito do medo, mas de força, amor e moderação. Ele nos deu um espírito de coragem para enfrentarmos os medos, os cansaços e as perseguições da vida. Você pode todas as coisas e precisa ir atrás dos seus sonhos. Ele nos deu ousadia para vencermos os gigantes que nos afrontam, deu bondade para fazermos o bem sem empolgação, mas com consciência de que estamos fazendo realmente aquilo que Ele nos ensinou através da Sua palavra. Não deixe o medo paralisar você, o Senhor te fortalece e encoraja. Creia nisso!

4 de outubro

"Assim como não é bom ficar a alma sem conhecimento, peca aquele que se apressa com seus pés."

(Provérbios 19:2)

Busque a direção do Senhor...

Aquele que se apressa sem conhecimento erra por escolher um caminho tortuoso. A pressa nos leva a tomar decisões fora da vontade de Deus e a fazer escolhas que provavelmente nos trarão muitos problemas e decepções. Cuidado para não tropeçar nos seus próprios pés tentando alcançar aquilo que não é projeto de Deus para você. Nem tudo que reluz é ouro. Busque a direção do Senhor em tudo, inclusive antes de abraçar certas oportunidades que parecem ser bênçãos para a sua vida, mas, infelizmente, não são.

5 de outubro

"Melhor é o fim das coisas do que
o seu princípio"

(Eclesiastes 7:8)

A resposta certa vem de Deus

No final, tudo dará certo. Essa é a afirmação que mais uso em meus textos, sabe por quê? Os inícios são descobertas, neles caímos muito. A vida é como aprender a andar de bicicleta: até conseguirmos equilíbrio, sofremos muitas quedas repentinas e através delas adquirimos experiências incríveis. Jó passou por tempos difíceis e perdas significativas, mas a Bíblia diz que o Senhor abençoou o seu final mais do que o início. Já deu tudo certo, viu?!

6 de outubro

"Perdoa as nossas dívidas, assim como perdoamos aos nossos devedores."

(Mateus 6:12)

Esteja mais disposto a aprender com Deus...

Como posso pedir perdão a Deus pelos meus erros e dívidas se não consigo perdoar a quem, com ou sem intenção, me fez mal? Como convencer Deus do meu arrependimento se eu não consigo crer que o outro pode mudar? Como dizer que sirvo e faço a vontade Dele se eu não consigo demonstrar amor e respeito ao meu próximo, dando-lhe uma nova oportunidade de ser melhor? Perdoar as pessoas é o mesmo que dizer para Deus que dependemos do Seu amor, que estamos dispostos a aprender mais com Ele e que, mesmo sem merecer, carecemos do Seu perdão. Perdoe!!

7 de outubro

"Assim também vós agora, na verdade, tendes tristeza; mas outra vez vos verei, e o vosso coração se alegrará, e a vossa alegria ninguém vo-la tirará."

(João 16:22)

Alegre-se no Senhor

A tristeza é passageira no coração daqueles que confiam no Senhor. Se você está enfrentado uma situação difícil, saiba que Ele está no controle de todas as coisas e que a alegria Dele te fortalecerá. Até que tudo passe, não se deixe abater nem se perca de você. Encare os problemas de frente, diga para você mesma(o) repetidas vezes que tudo passa e logo um novo sol nascerá. Exerça a sua fé e saiba que nada é em vão. A alegria do Senhor é a nossa força, não se esqueça disso. Ela é o combustível da nossa alma. Quando não duvidamos disso, preservamos a nossa essência em Cristo. Alegre-se no Senhor!

8 de outubro

"Porque o Senhor dos Exércitos o determinou; quem o invalidará? E a sua mão está estendida; quem pois a fará voltar atrás?"

(Isaías 14:27)

Deus é único!

Não importa quão fortes sejam os ventos que sopram contra a sua vida nem quão numerosos sejam aqueles que tentam te prejudicar, humilhar, difamar, anular ou simplesmente te impedir de realizar os seus sonhos mais bonitos por essa vida afora, ninguém invalidará o que Deus já decretou para a sua vida. Ninguém invalidará os Seus planos e propósitos. Ele faz todas as coisas! Ele governa tudo! O que Ele pensa a seu respeito ninguém muda. **Ele é Deus!** Ele é único! Ele é forte! Ele é muito fiel no que diz, e ninguém O faz retroceder em Suas palavras.

9 de outubro

"Também darei paz na terra, e dormireis seguros, e não haverá quem vos espante; e farei cessar os animais nocivos da terra, e pela vossa terra não passará espada."

(Levítico 26:6)

Deus é imutável

Paz é o que pedimos a Deus nestes dias difíceis. Paz, descanso e tranquilidade. Queremos um tempo novo que não nos tire o sono nem perturbe a nossa alma. Queremos acordar olhando com alegria para o sol que nasce, encorajados a viver sem preocupações e incertezas. Queremos e cremos nas promessas que Ele nos faz. Deus é imutável. Não sei o que se passa com você, mas a promessa Dele para todos nós é de calmaria e proteção. "Eu vos deixo a minha paz, eu vos dou a minha paz", assim diz Ele. Fique em paz!

10 de outubro

"Porque há esperança para a árvore que, se for cortada, ainda se renovará, e não cessarão os seus renovos."

(Jó 14:7)

Anima-te

Toda árvore com raiz tem esperança, e a esperança não morre. Com o tempo ela se renovará, e os seus renovos só aumentarão. O que quero dizer a você é: mesmo que tudo pareça não ter mais jeito em sua vida, mesmo que em certas áreas você já não veja mais uma solução satisfatória, há esperança, há jeito, há uma oportunidade de recomeço, há raiz. Hoje pode estar sendo complicado você aceitar e entender, mas a poda é necessária para que tudo novo se faça. Haverá novos dias, novas folhas e muitos frutos em sua vida. Dê tempo ao tempo! Pode parecer absurdo o que digo, mas é quando os cansaços tomam conta da nossa alma que precisamos perseverar até o fim, é nesse momento que Deus está findando a obra. **Anima-te!**

11 de outubro

"Responde-me, Senhor, responde-me, para que este povo conheça que tu és o Senhor Deus, e que tu fizeste voltar o seu coração."

(1 Reis 18:37)

Ore sem cessar!

A oração de Elias comprova o quanto Ele era íntimo de Deus. Talvez você tenha orado pedindo ao Senhor uma resposta que te honre diante de todos que não acreditam no poder Dele sobre a sua vida. Elias enfrentou os profetas de Baal e foi honrado. Por mais que duvidem da sua fé, continue clamando, orando, buscando e confiando em Deus. Não se deixe abater diante daqueles que não creem. Podem zombar de você, mas não poderão te impedir de acreditar. **No momento certo você terá respostas**. Não se sinta fraca(o) diante da fraqueza de ninguém. Ore sem cessar!

12 de outubro

"Olhai para mim, e sereis salvos, vós, todos os termos da terra; porque eu sou Deus, e não há outro."

(Isaías 45:22)

Olhai para Ele. Somente para Ele!

Olhai para Deus ao invés de focar nas coisas deste mundo, que muitas vezes nos distanciam da Sua presença. Olhai para Ele, que é justo e fiel. Olhai para Ele e sereis salvos. Homens, mulheres, crianças, olhai para o Senhor com amor, permitindo que Ele faça morada em sua vida. Olhai para Ele como filhos amados e dependentes. Olhai para Ele, somente para Ele, e nunca vos esqueçais: Ele é único, outro igual a Ele nunca houve e nunca haverá!

13 de outubro

"Estou plenamente certo de que aquele que começou boa obra em vós há de completá-la até ao Dia de Cristo Jesus."

(Filipenses 1:6)

Ele sempre termina o que começa

Às vezes, no meio dos processos, pensamos que Deus está distante de nós, pouco se importando com o que está acontecendo em nossa vida. Mas isso é mentira, Ele sempre esteve presente e, mesmo que pareça estar ausente, Ele está em silêncio trabalhando por nós, agindo por nós, caprichando em nossos pedidos feitos a Ele em oração. Ele sempre termina o que começa. Temos uma forma limitada de ver, isso dificulta que o nosso coração acredite que tudo dará certo, mas pode ter certeza de que **do controle Dele nada sai.**

14 de outubro

"Sede sóbrios; vigiai; porque o diabo, vosso adversário, anda em derredor, bramando como leão, buscando a quem possa tragar"

(1 Pedro 5:8)

Não se distancie de Deus

Vigiem! O diabo não brinca. Ele continua procurando aqueles que estão distraídos espiritualmente, desequilibrados, que não oram, que não sabem o que falam nem buscam ter uma verdadeira comunhão com Deus. Ele procura alvos fáceis, que não terão como confrontá-lo porque estão fracos na fé, indecisos, com os pensamentos voltados somente para si, totalmente distantes da presença do Senhor. Vigiem!! Sejam fortes!! E não se distanciem de Deus.

15 de outubro

"Não deem o que é sagrado aos cães, nem atirem suas pérolas aos porcos; caso contrário, estes as pisarão e, aqueles, voltando-se contra vocês, os despedaçarão."

(Mateus 7:6)

Fale do amor de Deus

Deixa eu te falar algo muito importante: nem todos querem te ouvir falar sobre fé, tampouco sobre Jesus Cristo, mas isso não te tornará uma pessoa pior nem fará com que o Senhor te condene. Fale do amor Dele, evangelize, espalhe o conhecimento que você tem a respeito de tudo o que Ele já fez em sua vida e de tudo o que Ele pode fazer por nós. No entanto, se alguém se negar a te ouvir, com todo o respeito, dá meia-volta, sacode a poeira dos teus pés e segue o seu destino. Não é a você que rejeitam, é a Cristo. Fale do amor Dele para alguém que, de fato, tenha fome e sede de Sua palavra. Não é pela força, é pelo mover do Espírito Santo.

16 de outubro

"Antes, seguindo a verdade em amor, cresçamos em tudo naquele que é a cabeça, Cristo."

(Efésios 4:15)

Sejam honestos

Sejam verdadeiros, sinceros, honestos e humanos em suas opiniões como cristãos autênticos, sem medo, mas em amor. Sigam com fidelidade e sabedoria os ensinamentos de Cristo, testemunhando o Seu nome, agindo corretamente uns com os outros, oferecendo a cada um o seu melhor, sem diminuir ou maltratar ninguém. Que tenhamos maturidade espiritual para lidar com as pessoas e para seguir com muito cuidado todos os ensinamentos do Senhor.

17 de outubro

"O teu amor é melhor do que a vida! Por isso os meus lábios te exaltarão."

(Salmos 63:3)

Você também vencerá...

Davi estava em uma situação difícil, fugindo da ira de seu próprio filho, em uma luta física e pessoal. Mas, ao invés de declarar medo, ele exaltou a Deus e reconheceu que o Seu amor era muito melhor do que a sua vida. Mesmo dentro de um conflito interno, ele adorou ao Senhor. Está sofrendo, sem saber o que fazer ou aonde ir? Dobre os seus joelhos e adore a Deus, cante louvores, leia a Bíblia, se fortaleça Nele e saiba que Ele está sobre tudo e todos em sua vida. Davi venceu todas as guerras. Você também vencerá!

18 de outubro

"Quem de vocês, por mais que se preocupe, pode acrescentar uma hora que seja à sua vida?"

(Mateus 6:27)

Ele cuida de você!

A preocupação só te causará danos emocionais, não acrescentará dias em sua vida nem te trará benefício algum, pelo contrário, só te furtará oportunidades. Aproveite o tempo que Deus te permite viver com calma, confiança e fé. Ele sabe o que é melhor para você e sabe o tempo certo pra tudo. Quem se preocupa demais se apressa, e o apressado sempre se frustra, porque não vê perfeição em nada. Ao invés de sentir realizado, o apressado se sentirá sempre incapaz de realizar algo. Descansa no Senhor! Ele cuida de você!

19 de outubro

"Observem as aves do céu: não semeiam nem colhem nem armazenam em celeiros; contudo, o Pai celestial as alimenta. Não têm vocês muito mais valor do que elas?"

Mateus 6:26)

Tudo o que Deus criou é ótimo...

Observem as aves, observem os lírios, observem a natureza, o mar, o céu, as estrelas, por favor! Tudo o que Deus criou é ótimo, porém nós somos a Sua melhor obra. Se Ele alimenta os pássaros e veste lindamente os lírios do campo, o que você pensa que Ele fará por nós, considerados o Seu melhor projeto? Aquieta! Ele está na direção da sua vida e suprirá TODAS as suas necessidades. Nada te faltará! Aquilo que é impossível para você, para Ele é só uma questão de espera e fé, tá?!

20 de outubro

"Vocês são o sal da terra. Mas se o sal perder o seu sabor, como restaurá-lo? Não servirá para nada, exceto para ser jogado fora e pisado pelos homens."

(Mateus 5:13)

Seja uma pessoa agradável de se ter por perto...

O sal sem sabor para nada serve. Uma pessoa sem identidade própria também não. Aquilo que é inútil é lançado fora. Precisamos ter sabor, valor, essência. Precisamos gerar frutos bons em nós. Precisamos exalar o bom perfume de Cristo através das nossas atitudes e estilo de vida. Somos o sal da terra, que façamos a diferença. Seja autêntico! Seja uma pessoa agradável de se ter por perto, que transmita paz, humildade, que testemunhe o amor de Deus através do seu comportamento e que faça o nome Dele ser glorificado através da sua vida.

21 de outubro

"Bem-aventurados os pacificadores, pois serão chamados filhos de Deus."

(Mateus 5:9)

Seja um pacificador

Sabe quem são os pacificadores? Aqueles que restabelecem a paz, que apaziguam conflitos, que não são causadores de discórdia, que não se alimentam de intrigas, fofocas, contendas. Pacificadores são aqueles que promovem a comunhão, o amor, a alegria e a tranquilidade. Eles desfrutarão das boas dádivas de Cristo e serão chamados de filhos. Seja um pacificador ao invés de dar importância a pessoas que só procuram confusão e que só querem ter razão, sem nenhum conhecimento. Preserve a sua saúde mental e emocional. Viva mais, oferecendo sempre o seu melhor a quem te quer bem e a quem não te quer bem também!

22 de outubro

"Não cobiçarás a casa do teu próximo [...] nem coisa alguma que lhe pertença"

(Êxodo 20:17)

Valorize o que é seu!

A inveja é um mal que se cria em corações que foram abandonados, uma arma autodestrutiva que ganha forças através das frustrações que a vida traz quando uma pessoa perde a credibilidade e começa a desejar o que o outro é, tem ou faz. Cuidado! Esse mal existe e traz muita amargura para o coração de quem lhe dá abrigo. Valorize o que é seu e **tire os olhos do que não lhe pertence**, não viva de comparações. Esse tipo de comportamento desagrada a Deus e não faz ninguém crescer. Se alegre com as conquistas daqueles que você ama, torça por eles e não deseje nada de ninguém. Trabalhe para ter, ore, se esforce. Deus abençoa a todos. A cobiça, quando encontra espaço em nosso coração, causa muitos estragos em nossa vida.

23 de outubro

"Mas quando você der esmola, que a sua mão esquerda não saiba o que está fazendo a direita, de forma que você preste a sua ajuda em segredo. E seu Pai, que vê o que é feito em segredo, o recompensará."

(Mateus 6:3-4)

Faça o bem em segredo!

Quando você fizer o bem a alguém, quando prestar algum favor, quando fizer alguma doação, quando ajudar – seja lá quem for e como for –, não se vanglorie por isso, você está sendo instrumento de Deus na vida desse alguém, até mesmo para responder à sua oração. Ninguém precisa saber que você é bondoso. Faça o bem em segredo, que de Deus vem a sua recompensa. Ele tudo vê e tudo sabe. Apenas faça sem causar barulhos. O Senhor não se esquece de nada do que você faz pelo próximo.

24 de outubro

"Três vezes fui golpeado com varas, uma vez apedrejado, três vezes sofri naufrágio, passei uma noite e um dia exposto à fúria do mar."

(2 Coríntios 11:25)

Você sobreviverá!

Quem nunca ficou exposto à fúria do mar? Quem nunca passou por situações que pareciam caminhar para a morte? Quem nunca se viu sem saída diante de um problema gigante? Quem nunca chorou e se abraçou desejando não mais viver? Quem nunca foi golpeado pela vida, por pessoas que tiveram a sua confiança? Quem nunca foi apedrejado, maltratado, ferido, rejeitado? O apóstolo Paulo sobreviveu a tudo isso pra deixar registrado em sua história que Deus estava com ele o tempo todo e que as suas experiências só FORTALECERAM a sua fé. Seja forte! Você sobreviverá!

25 de outubro

"Agora que já se ouviu tudo, aqui está a conclusão: Tema a Deus e guarde os seus mandamentos, pois isso é o essencial para o homem."

(Eclesiastes 12:13)

Tema a Deus...

O princípio da sabedoria é o temor a Deus. Quer ser sábio e inteligente? Tema a Deus e ouça as Suas instruções, tendo o cuidado de segui-las corretamente, colocando em prática os Seus mandamentos e fazendo a Sua vontade. Essa é a porta de entrada para todas as outras coisas acontecerem em sua vida. Não há propósito maior do que os caminhos que Ele traça para nós, não há alegria maior do que acordar pela manhã sabendo que foi Ele quem nos deu a oportunidade de viver mais um dia. Ele está acima dos nossos desejos, e maior é Ele sempre.

26 de outubro

"E disse: Saí nu do ventre da minha mãe, e nu partirei. O Senhor o deu, o Senhor o levou; louvado seja o nome do Senhor"

(Jó 1:21)

Deus está fazendo algo novo em sua vida

Jó passou pelos piores desertos emocionais, teve perdas irreparáveis, sentiu dores inexplicáveis, chegou a amaldiçoar o dia em que nasceu, pediu a Deus socorro, mas não O negou nem O culpou por nada. Ele não entendia por que estava passando por tudo aquilo, mas não permitiu que o desespero dominasse o seu coração a ponto de abandonar o Senhor e fazer com que a voz do diabo fosse confirmada quando pediu autorização para tocar em tudo o que era dele, inclusive no seu próprio corpo. Jó confiava em Deus, e Deus confiava na sua integridade. Às vezes, pensamos que não aguentaremos chegar até o fim, que não conseguiremos passar pelas esperas, que não resistiremos aos dias ruins, mas acredite, por favor, as tempestades são só um aviso de que algo novo Deus está fazendo em sua vida. Por mais estragos que elas nos causem, não ficam para sempre. Elas passam.

27 de outubro

"O que foi tornará a ser, o que foi feito se fará novamente; não há nada novo debaixo do sol."

(Eclesiastes 1:9)

Alimente a sua alma

Não há nada novo debaixo do sol. O ser humano continua vivendo a seu bel-prazer. Todos buscamos uma vida confortável, sonhos e conquistas. Quanto mais temos, mais desejamos. Estamos sempre buscando algo que nos satisfaça. Não há nada de novo além de uma rotina cansativa. Busque as coisas que são do alto, porque novidade de vida só teremos na presença do Senhor, dentro dos Seus mistérios para nós. Se encha da Sua palavra, alimente a sua alma.

28 de outubro

"Estejam vigilantes, mantenham-se firmes na fé, sejam homens de coragem, sejam fortes."

(1 Coríntios 16:13)

Passe pelas provas glorificando a Deus

Haverá muitos momentos complicados em sua vida. Portanto, cuidado com os inimigos que te cercam (isso inclui os inimigos da sua alma). Mantenha-se firme, passe pelas provas glorificando a Deus e exercendo a fé, assim Ele te ajudará. Tenha coragem, paciência e sabedoria em tudo o que fizer. Seja forte! Não permita que nada, nem ninguém mude os seus pensamentos em relação a tudo o que Deus te ensinou até aqui.

29 de outubro

"É melhor ter pouco com o temor do Senhor do que grande riqueza com inquietação."

(Provérbios 15:16)

Não troque a sua comunhão com Deus por alegrias temporárias

É melhor um pouco com Deus do que muito sem Ele. Salomão provou de tudo um pouco na vida até chegar à conclusão de que os prazeres que o mundo oferece estão bem abaixo de tudo o que uma vida com Deus pode nos oferecer. Ele entendeu que o princípio da sabedoria é o temor ao Senhor e que não há contentamento em nada que nos distancie Dele. Não troque a sua comunhão com Deus por alegrias temporárias. Aproveite cada momento da sua vida com vigilância, sensatez e paz.

30 de outubro

"Melhor é o homem paciente do que o guerreiro, mais vale controlar o seu espírito do que conquistar uma cidade."

(Provérbios 16:32)

Domine-se

Às vezes dá vontade, sim, de dizer umas verdades para certas pessoas e colocá-las em seus devidos lugares. As nossas verdades, no entanto, nem sempre são as de Deus, muitas vezes são baseadas na ira ou no ódio que sentimos quando alguém se torna um instrumento maldito para nos roubar a paciência. Assim, quando dizemos umas verdades, ao invés de trazermos paz e tranquilidade para nossa alma, trazemos mais inquietação e angústia. Há coisas que realmente só Deus pode resolver, há situações em que só cabe a Ele entender e agir. Por mais certos que estejamos, perdemos a razão quando agimos do nosso jeito, permitindo que os sentimentos ruins nos dominem. Domine-se!!

31 de outubro

"Cantarei ao Senhor enquanto eu viver
cantarei louvores ao meu Deus,
enquanto eu tiver existência."

(Salmos 104:33)

Vamos orar?

Querido Deus, tudo o que o Senhor faz é perfeito, e o que tens preparado para cada um de nós vai muito além do que pedimos ou pensamos. Agradecemos ao Senhor pelos dias que se foram e pedimos que abençoe os novos dias que virão. Sabemos que nem tudo é do nosso jeito, Senhor, mas confiamos em Seus planos, e na Sua agradável e perfeita vontade. Obrigada(o) por cuidar tão bem de nós. Ao seu nome cantaremos louvores, te exaltaremos enquanto houver vida em nós. **Graça te damos para todo o sempre, amém!**

Minha oração

Novembro

Ninguém nasce pronto

"Antes de formá-lo no ventre eu o escolhi; antes de você nascer, eu o separei e o designei profeta às nações. Mas eu disse: Ah, Soberano Senhor! Eu não sei falar, pois ainda sou muito jovem."

(Jeremias 21:5-6)

O profeta Jeremias foi escolhido ainda no ventre de sua mãe para ser a voz de Deus em meio a um povo que não queria ouvir Deus. Ele se sentiu incapaz para tal propósito. Contudo, aquele que escolhe também prepara.

Ninguém nasce pronto: somos moldados, ensinados, disciplinados a cumprir aquilo que fomos escolhidos para fazer. Deus não te envergonha, Ele te honra. A questão é que, quando estamos vivendo os processos, acreditamos que não temos força suficiente para chegarmos ao final. Mal sabemos que estamos vivendo os aperfeiçoamentos divinos para assumirmos com muita habilidade, sabedoria e inteligência aquilo que foi preparado exclusivamente para nós. Não importa quem você seja ou o que sabe fazer, você foi chamado para viver o extraordinário, não só aquilo que é meramente possível para você. Pense nisso.

1º de novembro

"Quando Daniel soube que o decreto tinha sido publicado, foi para casa, para o seu quarto, no andar de cima, onde as janelas davam para Jerusalém. Três vezes por dia ele se ajoelhava e orava, agradecendo ao seu Deus, como costumava fazer."

(Daniel 6:10)

A alegria vem ao amanhecer

Daniel era um homem de oração e Deus o honrava em tudo o que fazia. Isso despertou a fúria dos seus inimigos, a tal ponto que convenceram o rei a fazer um decreto. Qualquer pessoa que buscasse "ao seu deus" seria condenada à morte. Mesmo assim, Daniel permaneceu fiel a Deus e, por esse motivo, foi lançado na cova dos leões. Lá o Senhor com ele também estava. Ei, o agir de Deus é maravilhoso na vida daquele que é fiel. No controle de todas as coisas em sua vida Ele sempre estará, inclusive dos leões que tentarem te tragar. Daniel passou a noite na cova e, para a insatisfação e a surpresa de muitos, amanheceu sem nenhum arranhão. Deus o honrou na cova. Ei, o choro pode durar uma noite, mas a alegria vem ao amanhecer. Deus é contigo!!

2 de novembro

"A tua palavra é lâmpada que ilumina os meus passos e luz que clareia o meu caminho."

(Salmos 119:105)

Aceite a vontade do Senhor

Os nossos desígnios diferem dos desígnios do Senhor. A nossa vontade nem sempre coincide com a vontade Dele para nós. Portanto, aqueles que andam continuamente em Sua presença, respeitando a Sua palavra, praticando os Seus mandamentos, aceitando a Sua vontade e abraçando os Seus propósitos andarão sempre na luz e verão com nitidez as bênçãos que lhes forem reservadas. Lâmpada que ilumina os nossos passos e luz que clareia os nossos caminhos é a Sua verdade guardada em nosso coração. Nos lugares aonde a luz chega, as trevas não conseguem ficar.

3 de novembro

"Como é feliz aquele que não segue o conselho dos ímpios, não imita a conduta dos pecadores, nem se assenta na roda dos zombadores!"

(Salmos 1:1)

Faça a diferença

Feliz é aquele que não segue o conselho de pessoas perversas, sem direção e sem sabedoria; feliz é aquele que não imita a conduta de pessoas que só agem erroneamente, impondo as suas próprias verdades e agindo conforme a sua própria razão, fazendo sempre o que é mal, prejudicando o próximo, ferindo e enganando pessoas. Feliz é aquele que não fica no meio dos que zombam de tudo o que diz respeito ao Senhor. Quem é guiado pela palavra de Deus não tropeça nem se deixa ser guiado por ensinamentos e comportamentos errados, que comprometem totalmente o seu bom caráter em Cristo. "Então vereis a diferença entre o Justo e o ímpio, entre aquele que serve e aquele que não serve a Deus" (Malaquias 3:18). Ser diferente desses que não se dão conta do mal que fazem a si mesmos faz toda a diferença.

4 de novembro

"Por volta da meia-noite, Paulo e Silas estavam orando e cantando hinos a Deus; os outros presos os ouviam."

(Atos dos Apóstolos 16:25)

A sua força vem do alto

Não é comum um preso orar e cantar! Não é comum que, depois de ser ferida e humilhada, uma pessoa cante como se nada tivesse acontecido. Mas, ao contrário do comum, Paulo e Silas oravam e cantavam, e os outros presos ouviam. Eles foram instrumentos de Deus naquela prisão. Enquanto louvavam e adoravam, os outros presos ouviam. Diante do sofrimento, ao invés de se desesperarem, eles exerceram a fé e moveram-se espiritualmente. Os seus corpos estavam presos, mas os seus lábios estavam livres para buscar a verdadeira face do Senhor e clamar pelo Seu socorro. Não importa a circunstância, mova-se, não se desespere. A sua força vem do alto! Paulo e Silas tinham motivos suficientes para ficar apreensivos diante daquela situação, mas escolheram confiar. Não estava tudo bem, mas eles sabiam que tudo estava sob o controle de Deus.

5 de novembro

"Dirigindo-se imediatamente a Jesus, Judas disse: Salve, Mestre!, e o beijou."

(Mateus 26:49)

Apenas perdoe!

A saudação de Judas foi apenas o segundo passo da traição. O primeiro foi quando ele aceitou e planejou. Talvez Judas tenha acreditado que aquele beijo seria o disfarce perfeito para que ninguém desconfiasse da sua covardia, mas Jesus não o amaldiçoou nem o expos na frente de todos. Ao contrário de muitos, Ele o chamou de amigo, nos ensinando de uma maneira muito divina a amar aqueles que já tiveram o melhor de nós, que já se sentaram à nossa mesa e comeram do nosso pão, que nos conheceram profundamente e, ainda assim, escolheram nos trair, ferir, enganar ou decepcionar. Não é fácil amar e perdoar quem se levanta contra nós, mas precisamos ser livres para prosseguir, e essa liberdade só se obtém através do perdão.

6 de novembro

"E não realizou muitos milagres ali, por causa da incredulidade deles."

(Mateus 13:58)

A fé vem pelo ouvir

Jesus pregou na sua terra natal sobre salvação, conversão e o final dos tempos, mas nem todos creram. Por esse motivo, não realizou tantos milagres por ali. Alguns rejeitaram os Seus ensinamentos por acreditarem que já O conheciam o suficiente. Deus usa pessoas – na maioria das vezes, próximas a nós – para ser a boca Dele em nossa vida, e as rejeitamos por acreditarmos que as conhecemos o suficiente para não darmos valor a nada do que dizem. Às vezes, Ele usa um familiar ou um amigo para nos instruir, mas deixamos que o nosso ego fale mais alto que a humildade. A fé vem pelo ouvir, não se esqueçam disso. Deus usou Moisés para libertar o povo de Israel das mãos de faraó, e ele era um hebreu. Atente-se para aquelas pessoas que Ele tem usado para ministrar ao seu coração, e se aproxime mais dos milagres que você tanto espera.

7 de novembro

"Enquanto estava em Jerusalém, na festa da Páscoa, muitos viram os sinais miraculosos que ele estava realizando e creram em seu nome."

(João 2:23)

Ele continua presente no meio de nós

Naquela época, muitos viram sinais, milagres, curas, acontecimentos extraordinários e creram. Hoje, as pessoas buscam sinais extraordinários e visíveis, mas não se atentam para os detalhes nem para os pequenos acontecimentos que se tornam grandes quando a nossa visão está totalmente voltada para Jesus, o qual tem o poder sobre tudo. Nele estão a alegria que nos fortalece e a esperança que nos faz prosseguir, mesmo não havendo forças em nós. Nele está a certeza de dias tranquilos. Ele continua presente no meio de nós e continua realizando grandes milagres por meio da fé. **Somente creia!** Exerça a sua fé! Ele é imutável!

8 de novembro

"Ele disse: Lancem a rede do lado direito do barco e vocês encontrarão. Eles a lançaram, e não conseguiam recolher a rede, tal era a quantidade de peixes."

(João 21:6)

Ei, tenha fé!

A ordem foi dada. Mesmo tendo trabalhado a noite inteira, os pescadores obedeceram sem questionar, porque creram na palavra Daquele que pode todas as coisas. Jesus sabia que eles estavam cansados, que haviam trabalhado toda a noite, que estavam desanimados e tristes com os resultados desfavoráveis, mas não permitiu que desistissem. Ei, tenha fé! Ele sabe dos seus dias difíceis e não permitirá que você desista, ainda que as circunstâncias tentem te levar a isso. O que Ele quis nos ensinar através desse extraordinário acontecimento é que precisamos nos desligar dos costumes e aprender a viver de novidades, certos de que estamos sendo observados pelo Senhor. Milagres acontecem na vida daqueles que estão dispostos a ouvir a voz do Senhor e a obedecer. Se o mar não está para peixe, para os Seus filhos amados Ele faz existir além daquilo que se espera.

9 de novembro

"[...] Assim diz o Senhor: Ponha a casa em ordem, porque você vai morrer; você não se recuperará"

(Isaías 38:1)

Ele te ama!

Diante da má notícia, Ezequias orou ao Senhor. Acredito eu que a casa à qual o Senhor se referiu poderia ser o seu coração, o seu emocional e tantas outras pendências que precisavam ser organizadas em sua vida. Ezequias virou o rosto para a parede e orou. O desespero não nos leva a lugar algum, mas a oração nos conecta intimamente com Deus. Diante de uma má notícia, antes de qualquer decisão, ore e revele ao Senhor o seu coração. Não permita que a dor te consuma. **A ORAÇÃO** é uma arma poderosa e, quando feita com sinceridade, comove o coração do Senhor. Deus restaurou Ezequias lhe acrescentando anos de vida, e ele testemunhou esse grande acontecimento. Você também terá uma história linda para contar sobre tudo o que acontece em sua vida. Com certeza, muitos contemplarão o tamanho amor que o Senhor tem por você.

10 de novembro

"Não te chamarás mais Jacó, mas Israel; pois como príncipe lutaste com Deus e com os homens, e prevaleceste."

(Gênesis 32:28)

Faça uma limpeza na sua alma

Deus mudou o nome de Jacó ("suplantador") para Israel ("príncipe", "lutador") quando em seu coração houve o verdadeiro arrependimento. Ele teve que lutar com o anjo até receber a resposta que tanto desejava. Errou muito em sua vida, cresceu muito também, mas descobriu que não adianta ter tudo se a sua alma não tiver paz, se a sua consciência não estiver tranquila. Coloque a sua vida em ordem. Resolva suas pendências afetivas. Limpe o seu coração de tudo o que lhe traz peso, dor, mágoa e ressentimentos e tenha um verdadeiro encontro com Deus. Tudo depende da nossa decisão de querer que a mudança aconteça em nós e para nós. Se você realmente quer ser uma pessoa muito abençoada, comece fazendo uma limpeza geral na sua alma e retire tudo o que te impede de ser uma pessoa realmente feliz.

11 de novembro

"E viu o Senhor que a maldade do homem se multiplicara sobre a terra e que toda a imaginação dos pensamentos de seu coração era só má continuamente. Então arrependeu-se o Senhor de haver feito o homem sobre a terra e pesou-lhe em seu coração."

(Gênesis 6:5-6)

Deus é mais...

Deus fez o homem à sua imagem e semelhança, deu-lhe o paraíso e se arrependeu, porque toda a inclinação dos pensamentos do seu coração era para o mal. Muitas vezes, o que nos faz adiar as bênçãos do Senhor em nossa vida são os nossos pensamentos, que, ao invés de serem bons e puros, se inclinam para o mal a ponto de nos fazer perder o que é verdadeiro, bonito, frutífero, abençoado e totalmente nosso. Se os seus pensamentos forem bons e voltados para a vontade de Deus em sua vida, independente das circunstâncias, pode vir a destruição que for, mil cairão ao seu lado, dez mil à sua direita, nem você, nem o que é seu serão atingidos (Salmos 91). Deus é mais, e é Nele que deve estar a sua confiança. O homem de pensamento perverso cairá, mas aquele que se guarda do que é mal permanecerá de pé.

12 de novembro

"E deitou-se, e dormiu debaixo do zimbro;
e eis que então um anjo o tocou, e lhe disse:
Levanta-te, come."

(1 Reis 19:5)

Você não está sozinho!

Elias orou ao Senhor quando estava se sentindo inútil, sem forças e desencorajado, e logo caiu no sono. Ele acordou com o toque de um anjo que disse: "levanta-te, e come". Ele se levantou, comeu e dormiu de novo. Elias estava como você, não queria ficar de pé, não conseguia sair do lugar e procurava se esconder, se esquivar de tudo e todos, não tinha mais segurança em nada que falava ou fazia. Se fortalecia em um dia, desanimava no outro. Ele enfrentou todos os obstáculos internos que você possa imaginar, viu o poder da natureza sendo manifestado através do vento, do terremoto, do fogo, para perceber que era na calmaria que Deus estava, e que Ele era maior que tudo. Assim como Elias, a sua importância para o Senhor é imensa, e não há nada maior do que Ele em sua vida. Os dias ruins vêm, mas passam. Você não está sozinho nessa. Acalme-se e fique de pé.

13 de novembro

"E disse o Senhor a Abrão, depois que Ló se apartou dele: levanta agora os teus olhos, e olha desde o lugar onde estás, para o lado do norte, e do sul, e do oriente, e do ocidente"

(Gênesis 13:14)

Dê uma faxina em sua vida!

O que impedia Abrão de ver a bênção que tinha nas mãos era a sua insistência em se manter do lado de uma pessoa que só trazia discórdia, divisão e conflitos para a sua vida. Abrão estava acomodado naquela situação e não conseguia sair do lugar, isso o impedia de observar o seu crescimento. Às vezes, precisamos dar uma faxina em nossa vida e tirar o que só está nos deixando para trás para que o necessário aconteça, e isso inclui pessoas negativas e indecisas, sentimentos ruins e obrigações desnecessárias. Abrão vivia uma vida limitada ao lado daquele que, além de ser ganancioso, queria uma vida fácil. Toda conquista e vitória vem do suor da gente. Ló desejou o que estava diante dos seus olhos, mas o que Deus deu a Abrão estava além disso.

14 de novembro

"Pois vocês sabem que a prova da sua
fé produz perseverança."

(Tiago 1:3)

Obrigada(o), meu Deus!

Te convido a exercer a fé. Mesmo que ela pareça ser pouca em seu coração, basta que ela exista para que o melhor e o improvável te aconteça. Basta que ela exista para que você perceba em cada detalhe o quão importante você é. Basta que ela exista para você entender que, apesar das tantas dores que você sente/sentiu, há/houve transformações inexplicáveis através delas. Há, sim, um propósito em tudo, e a força que há em cada desafio que vivemos, vencemos e superamos nos faz olhar para o alto e dizer: Obrigada(o), meu Deus, por cuidar tão bem de mim!!!

15 de novembro

"Mas, sejam fortes e não desanimem, pois o trabalho de vocês será recompensado."

(2 Crônicas 15:7)

Faça novas escolhas

Você precisa reler a sua história de maneira positiva e acreditar que cada situação adversa pela qual você já passou na vida te transformou na pessoa que você é hoje. Não podemos mudar o passado, mas podemos abraçar com muita força cada recomeço, cada oportunidade e cada aprendizado também. Não podemos voltar atrás e consertar o que não fizemos corretamente, mas podemos escrever novos capítulos sem cometer os mesmos erros. Não podemos trazer de volta pessoas que amamos e que já se foram dessa vida, mas podemos trazer à nossa memória o quanto foram especiais e significativas para nós. Não podemos mudar as nossas escolhas passadas, mas podemos fazer novas escolhas e construir novos caminhos. O que não podemos é desistir de nós ou dos propósitos do Senhor para nós. Sejam fortes! Perseverem!

16 de novembro

"Tudo fez formoso em seu tempo"

(Eclesiastes 3:11)

Ele vai te socorrer

Sei que os seus dias não têm sido fáceis e que algumas coisas em sua vida estão meio complicadas, aparentemente sem solução, mas vim te fazer um único pedido: confia em Deus, Ele vai te socorrer. Coloca nas mãos Dele o que aflige o seu coração e descansa; o que você não consegue resolver, Ele resolve. Diga para você mesma(o): eu ficarei de pé, eu vou me levantar e continuar, eu vou dar a volta por cima, eu vou vencer. Hoje pode até ter sido um dia exaustivo pra você, talvez até com algumas dores escondidas, mas não desanime, não desista daquilo que você começou nem fique se comparando a ninguém. Tudo tem o tempo certo para acontecer em sua vida. Quando Deus age, pronto, o milagre se propaga por meio da sua fé e confiança Nele.

17 de novembro

"Não se associe com quem vive de mau humor, nem ande em companhia de quem facilmente se ira"

(Provérbios 22:24)

Cuidem-se

Não fique por aí remoendo mágoas nem tentando responder à altura quem te afronta, seja lá como for. Tem gente que não valoriza o seu tempo nem a sua vida e se ocupa em tentar transtornar quem tem sonhos e objetivos. Tem gente que passa horas fazendo o que é mau porque a sua alma está insegura, e o seu coração insatisfeito por tudo o que planejou e não deu certo. Viver é para muitos, mas viver bem, batalhando diariamente e obtendo resultados satisfatórios sem ter que provar nada para ninguém é só para quem tem fé, coragem e uma história linda para contar, construída com zelo, responsabilidade e cuidado. O que é já foi. Tudo novo se fez. Cuidem-se!!

18 de novembro

"Clama a mim, e responder-te-ei,
e anunciar-te-ei coisas grandes
e firmes que não sabes."

(Jeremias 33:3)

Clame a Ele quando quiser...

Deus ouve a oração do justo! Ele ouve a oração daqueles que o buscam com fé e coração sincero. Às vezes, devido à intensidade da dor, pensamos que Ele está distante, mas a Sua presença é constante e o Seu amor é real. Ele sabe o que fazer quando as coisas não estão dando certo em nossa vida, principalmente quando, por meio da oração, nos envolvemos com Ele, demonstrando o quanto confiamos no Seu poder e o quanto necessitamos do Seu socorro. Clamar significa dizer em voz alta, e você pode fazer isso, você pode conversar com Deus, mesmo que os seus olhos não O vejam, Ele está perto. Clame a Ele quando quiser, Ele te ouvirá.

19 de novembro

"Mas, buscai primeiro o reino de Deus, e a sua justiça, e todas estas coisas vos serão acrescentadas."

(Mateus 6:33)

Deixa Ele cuidar de você!

Priorize Deus em tudo na sua vida. Busque primeiro o reino Dele, assim as outras coisas serão acrescentadas à sua vida. Essa promessa está sobre nós. Ele não é opção. Quando O colocamos na frente de qualquer situação, quando buscamos um entendimento mais profundo da Sua palavra e O reconhecemos verdadeiramente como Pai e Salvador, seguindo com retidão os Seus ensinamentos, as coisas mudam em nossa vida. Eu não disse que tudo se torna mais fácil, mas afirmo que tudo, absolutamente tudo se torna possível dentro da Sua vontade perfeita para cada um de nós. Deixa Ele cuidar de você e de tudo o que é seu. Se encha da Sua presença e saiba que de você Ele jamais se esqueceu.

20 de novembro

"Ainda que eu falasse as línguas dos homens e dos anjos, e não tivesse amor, seria como o metal que soa ou como o sino que tine"

(1 Coríntios 13:1)

Doe amor...

Aprendi que não se fala de amor sem vivê-lo realmente. Para se falar de amor, é preciso saber defini-lo sem usar o "mas" ou o "porém". Ele não tem acréscimo e, no coração daqueles que conhecem a Deus, ele transborda e se transforma em bondade, perdão, paciência, longanimidade, retidão e tolerância. Sim, o amor nos ensina a tolerar os fracos na fé, os que agem impulsivamente, acreditando serem donos da razão, os que realmente tentam nos ferir, prejudicar ou até mesmo diminuir. Ainda que eu fosse a pessoa mais abençoada deste mundo, não seria nada se em mim não reinasse o amor. Seja amor, viva o amor, doe amor e, se possível for, se proteja de tudo o que não é gerado pelo amor em sua vida.

21 de novembro

"O homem de muitos amigos deve mostrar-se amigável, mas há um amigo mais chegado do que um irmão."

(Provérbios 18:24)

Valorize seus amigos...

Amigo é aquele com quem podemos contar em qualquer situação da nossa vida. Nos acontecimentos bons ou ruins, ele se faz presente, mesmo que seja por intermédio da oração, e é livre de rótulos. Há amigos mais chegados que irmãos, que talvez nos considerem e respeitem mais do que um familiar. Valorize os seus amigos. Dê amor e respeito. Considere-os e faça com que eles se sintam confortáveis e bem-vindos em sua vida, da mesma forma como eles fazem você se sentir bem-vinda(o) na vida deles. Somos transformados diariamente pelo que recebemos e doamos.

22 de novembro

"E não temais os que matam o corpo e não podem matar a alma; temei antes aquele que pode fazer perecer no inferno a alma e o corpo."

(Mateus 10:28)

Ele cuida de nós

Não tenha medo daqueles que não podem matar a sua alma, que não podem roubar a sua fé. Tema a Deus! Esse temer significa obedecer, seguir os caminhos Dele, entender a Sua vontade e optar por vivê-la. Ele é maior, não há outro. A maldade humana causa em nós insegurança, tormenta, medo. Mas o temor a Deus produz em nós segurança, confiança, fé, força e coragem. Ele cuida de nós em qualquer situação. Daniel foi lançado na cova dos leões por não ter medo da maldade do homem, mas foi protegido dentro da cova por temer a Deus. A nossa fidelidade ao Senhor reforça a Sua fidelidade a nós.

23 de novembro

"Disse-lhe Jesus: Mulher, que tenho eu contigo? Ainda não é chegada a minha hora. Sua mãe disse aos serventes: Fazei tudo quanto ele vos disser."

(João 2:4-5)

Convide-o!

O vinho acabou naquele casamento, mas Jesus estava presente, esperando o momento exato de agir. Ele realizou o milagre na cozinha da casa, entre Ele, sua mãe e os serventes. Aprendo com isso que a Sua presença, naquela festa, foi a garantia que os noivos tiveram de que nada faltaria: nem vinho, nem honra, nem alegria. E foi exatamente isso que aconteceu: ninguém percebeu que havia acabado o vinho, mas todo mundo sentiu que o último vinho servido estava bem melhor do que o primeiro, porque não tinha sido produzido por homens, mas por Aquele que faz sempre o melhor por nós e para nós. Não se preocupe, se você o convidá-lo, Jesus sempre se fará presente, suprindo as suas necessidades e realizando milagres inacreditáveis em sua vida. Convide-O!!! Exatamente hoje, algo novo Ele quer e vai fazer por você.

24 de novembro

"Grande é o nosso Senhor, e de grande poder; o seu entendimento é infinito."

(Salmos 147:5)

Ele sabe muito bem o que faz...

Deus não se alegra, de maneira alguma, com a nossa dor, principalmente quando é gerada por algo que Ele está fazendo em nós, como mudanças necessárias, livramentos ou até mesmo alguns distanciamentos de pessoas que nós, pela nossa ingenuidade, não percebemos o quanto nos fazem mal. Mas deixa eu te dizer algo: Ele se alegra com o nosso crescimento no decorrer do tempo através de tudo isso que coube a Ele fazer em nossa vida. Ele sabe muito bem o que faz. Aquieta e só confia!

25 de novembro

"Porque não aflige nem entristece de bom grado aos filhos dos homens."

(Lamentações 3:33)

Boas coisas virão

Ao invés de pedir a Deus que te livre dos problemas, que te tire das lutas, que resolva tudo para você, peça a Ele para te ensinar algo novo através de cada situação e te treinar com excelência para vencer as adversidades atuais e as próximas que surgirem, porque virão outras e outras, e mais outras. Estamos vivos, somos humanos, temos sonhos e objetivos e precisamos estar preparados para tudo. Deus não se agrada do nosso sofrimento, mas se sente um Pai orgulhoso de tudo o que aprendemos através das circunstâncias. Existe um propósito em tudo. Com certeza, boas coisas virão em sua direção.

26 de novembro

"O copeiro-mor, porém, não se lembrou de José, antes se esqueceu dele."

(Gênesis 40:23)

Tudo tem um tempo determinado!

Na prisão, José interpretou o sonho do copeiro do rei e pediu-lhe que se lembrasse dele ao sair, mas o copeiro o esqueceu. Nem todos vão se lembrar do que você fez por eles, nem todos vão se lembrar de você, nem por isso Deus deixará de cumprir a promessa que Ele te fez. A demora pode até parecer uma injustiça da vida ou de alguém, mas é nesse tempo que Deus trabalha e faz com que as nossas forças sejam restauradas. No tempo certo a recompensa chega. Deus faz tudo certo! Não se preocupe com quem te deixou para trás, preocupe-se apenas em aprender com as dificuldades. Tudo tem um tempo determinado!

27 de novembro

"Assim que, se alguém está em Cristo, nova criatura é; as coisas velhas já passaram; eis que tudo se fez novo."

(2 Coríntios 5:17)

Aceite a vontade do Senhor

Você vai se reerguer. Com a ajuda de Deus e com tudo o que Ele tem feito em sua vida, você vai conseguir dar a volta por cima e recomeçar de um jeito diferente. O que não deu certo ficou no passado, o que vem pela frente são mistérios divinos. O seu coração está pronto e, quanto mais você aceitar a vontade do Senhor, mais bonita e inacreditável ficará a sua história. Há um tempo novo vindo por aí. Por favor, não olhe para trás, siga o seu caminho agradecendo ao Senhor pelas novas oportunidades e dizendo para Ele o quanto você está forte e se sente encorajada(o) a prosseguir sem nenhuma sequela do que só te fez mal.

28 de novembro

"Sara-me, Senhor, e sararei; salva-me, e serei salvo; porque tu és o meu louvor."

(Jeremias 17:14)

Fica firme na sua fé!

Deus permite a luta, as adversidades, mas jamais permitirá que satanás triunfe em sua vida. Tudo o que Ele permite tem um propósito. Na maioria das vezes, não entendemos os seus propósitos porque estamos apegados aos sentimentos, e o nosso emocional tende a nos enfraquecer na fé quando o colocamos acima da nossa confiança em Deus, permitindo que o desespero domine o nosso coração. Mas nada foge do controle do Senhor. Ele permitiu que José fosse jogado no buraco pelos seus irmãos, mas não permitiu que ele morresse. Permitiu que Daniel fosse lançado na cova dos leões, mas não permitiu que os leões o devorassem. Permitiu que Sadraque, Mesaque e Abednego fossem lançados na fornalha, mas não permitiu que eles se queimassem. Fica firme na sua fé! No final, quem triunfa é você!

29 de novembro

"Eis que eu trarei a ela saúde e cura,
e os sararei, e lhes manifestarei abundância
de paz e de verdade."

(Jeremias 33:6)

Exponha para Deus a sua dor...

Deixa Deus curar as suas feridas. Talvez você nem perceba isso, mas algumas de suas atitudes impulsivas e amargas podem estar sendo geradas por alguns machucados na sua alma, que você encobriu com outras ocupações, que julgou serem mais necessárias do que a sua cura. Esse é um exemplo da tal prioridade indevida, entende? Eu chamo isso de fuga. Por mais que façamos de conta, em algum momento essa ferida vai doer, e isso pode ocorrer de uma maneira muito desconfortável e na hora errada. Não esconda o que está te fazendo muito mal. Exponha para Deus a sua dor, diga para Ele o quanto você deseja que ela cicatrize e Ele saberá como tratá-la. Um coração curado cura outros.

30 de novembro

"O Senhor dos Exércitos está conosco; o Deus de Jacó é o nosso refúgio. (Selá.)"

(Salmos 46:7)

Vamos orar?

Querido Deus, tudo parece ser muito incerto para nós neste mundo, mas cremos no Seu poder, no Seu cuidado e no Seu imenso amor por nós. Até aqui o Senhor tem nos fortalecido e sustentado. Até aqui, para a Sua honra e glória, vencemos os dias, as dificuldades, até mesmo as nossas lutas internas que de vez em quando tentam nos desanimar. Porém, maior sempre será o Senhor em tudo. Obrigada(o) por não desistir de nós! Obrigada(o) por cada dia! Obrigada(o) por segurar a nossa mão e nos garantir a Sua presença em cada situação. Não sabemos o que vem pela frente, mas temos certeza de que o Senhor não muda, de que os Seus planos são maravilhosos. Faça o Seu querer em nós, meu Pai! Em nome de Jesus Cristo te louvamos e, mais uma vez, Te agradecemos para todo o sempre. **Amém!**

Minha oração

Minha oração

Dezembro

Vivendo as (RE)CONSTRUÇÕES

Podemos chamar de reconstrução tudo o que dá continuidade à sua história após um passado ruim. Você pode ter tido experiências muito difíceis, mas a sua decisão de seguir com uma nova visão de vida já é uma confirmação de que a sua escolha vai te levar a um destino diferente daquele que não foi bom para você. Tudo depende da sua decisão, mesmo que as feridas que você carrega ainda sejam latentes. O meu pai sempre diz que as tempestades dão sinais da sua vinda: os ventos sopram de forma diferente, as nuvens mudam de cor, o tempo se fecha, mas nós temos aquela mania de dizer: "Já vou tirar as roupas do varal, espera." ou "Já vou fechar as janelas, espera." Mas é nessas esperas construídas pela nossa falta de atenção afetiva que perdemos totalmente o controle da situação e nos justificamos com um "tudo aconteceu de repente". Que este último mês do ano seja de reflexões, e que possamos colocar em ordem a nossa vida agora, não deixando nada para depois nem para outra pessoa fazer em nosso lugar. É nossa responsabilidade não adiar o que depende apenas do nosso primeiro passo.

1º de dezembro

"O Senhor mandará que a bênção esteja contigo nos teus celeiros, e em tudo o que puseres a tua mão; e te abençoará na terra que te der o Senhor teu Deus."

(Deuteronômio 28:8)

Pai é pai!

Creia no trabalhar de Deus em sua vida, se desenvolva naquilo que você sabe fazer, acredite nas portas que se abrirão para você, determine a sua vitória, declare a sua bênção, ainda que aos seus olhos nada esteja acontecendo. Não permita que vozes negativas te convençam do contrário. Você pode, você consegue, você é capaz. Deus sabe tudo sobre você. Digo que Ele sabe porque todo PAI conhece o próprio filho, e PAI que é PAI de verdade não abandona, mas ensina, cuida, ama, encoraja, fortalece e abençoa. PAI que é PAI age na hora certa e faz pela gente o que ninguém faz. Quando o nosso limite acaba, Ele entra com a providência. Somente creia.

2 de dezembro

"Acima de tudo, porém, revistam-se do amor, que é o elo perfeito."

(Colossenses 3:14)

O amor é um dom!

O amor é transformador. Quando nos revestimos dele, quando nos envolvemos com ele e nos dispomos a doá-lo sem esperarmos nada em troca, nos permitimos crescer afetivamente e espiritualmente também. Deus é o próprio amor trabalhando em nós a sabedoria, o domínio próprio, a paciência, o respeito e a consideração para com aqueles que não conseguem amar e perdoar. Se cubra de amor, se encha de bons sentimentos e seja bênção na vida do seu próximo, oferecendo-lhe sempre o melhor, ainda que ele não reconheça os seus feitos. Isso é dom. O amor é um dom.

3 de dezembro

"Ainda que a figueira não floresça, nem haja uvas nas videiras; [...] eu me alegrarei no Senhor [...]"

(Habacuque 3:17-18)

Dias melhores virão...

Ainda que as circunstâncias não lhe sejam favoráveis, alegre-se no Senhor, não permitindo que as dificuldades te façam retroceder na fé. Aprender com cada desafio é um ato de sabedoria, assim como entender que precisamos passar pelos processos e que vamos nos sobressair, ainda que tudo pareça impossível para nós. O segredo está nessa força tamanha que carregamos na alma e nas certezas de que dias melhores virão.

4 de dezembro

"Portanto, já que estamos recebendo um Reino inabalável, sejamos agradecidos e, assim, adoremos a Deus de modo aceitável, com reverência e temor"

(Hebreus 12:28)

Se desfaça de bagagens pesadas...

Aquiete o seu coração, seja grato(a) por tudo, se desfaça de bagagens pesadas, se envolva com o que ou com quem faz bem a você, se permita novos começos, tenha pensamentos positivos e não se perca pelas tempestades da vida. Em tudo você é mais que vencedor(a). Isso não é clichê, isso é certeza de promessa feita por quem cuida de você. Seja feliz e se prepare para abraçar o melhor que está por vir.

5 de dezembro

"[...] pois vocês sabem que a prova da sua fé produz perseverança."

(Tiago 1:3)

Não olhe para trás...

Persevere! Não pare! Não desista! Não olhe para trás! Prossiga em direção ao que Deus prepara para você, prossiga acreditando, confiando, exercendo a fé e a gratidão. Prossiga levando consigo o amor, o perdão e essa vontade tamanha de começar de novo e de um jeito diferente. Prossiga abraçando oportunidades. Prossiga porque a sua vida tem propósitos. Não importa quantos leões, gigantes, ursos e serpentes você tenha que vencer, prossiga confiando em Deus e na força do seu poder. Esqueça o passado, delete tudo o que não foi bom para você e prepare-se para o novo que virá. Há uma nova história, um novo começo, uma nova esperança e um novo pôr-do-sol para você. Permita-se!

6 de dezembro

"E chamou José ao primogênito Manassés, porque disse: Deus me fez esquecer de todo o meu trabalho, e de toda a casa de meu pai. E ao segundo chamou Efraim; porque disse: Deus me fez crescer na terra da minha aflição."

(Gênesis 41:51-52)

Supere-se!

Diante de todas as coisas pelas quais passou, José entendeu o trabalhar de Deus em sua vida. Podemos comprovar isso através dos nomes que deu a seus filhos. Cada processo pelo qual você passa na vida em busca de algo traz crescimento e mudanças. Esqueça aquele relacionamento fracassado, aquelas oportunidades perdidas, aquelas amizades que só te prejudicaram, aquelas escolhas erradas que você fez no decorrer do ano e SE PERDOE. Não tem como você voltar atrás! Tudo aconteceu por um motivo! Mas você pode e deve seguir sem carregar nada do que não deu certo. Em cada situação, Deus te dá uma lição. Faz parte da sua jornada! Faz parte da sua história! Supere-se!

7 de dezembro

"O Senhor guardará a tua entrada e a tua saída, desde agora e para sempre."

(Salmos 121:8)

Respeite a sua história...

Tudo o que aconteceu em sua vida aconteceu por uma razão. Talvez você não compreenda agora – e eu te entendo –, mas não temos tempo para lamentações. Por favor, peça a Deus para planejar o seu futuro e viva com gratidão cada segundo do seu presente. Treine a sua mente para viver como se não houvesse amanhã e todos os dias se cubra de oração. Você está prestes a pisar na terra da promessa; parar agora, quase atravessando a linha de chegada, seria desprezar todas as coisas pelas quais você já passou nessa vida. Respeite a sua história! Valorize os seus percursos! E vá, que Deus te guardará do perigo e te abençoará para todo o sempre.

8 de dezembro

"Pois tu és a minha esperança, Senhor Deus; tu és a minha confiança desde a minha mocidade."

(Salmos 71:5)

Já deu tudo certo!

Confie em Deus! Se as coisas estão difíceis em sua vida, confie em Deus! Eu não sei por qual razão você está sofrendo, mas sei que Ele vai te tirar desse fundo do poço emocional e transformar a sua história. Às vezes parece que não aguentaremos chegar até o final, mas preciso te informar que o seu final já foi escrito e que agora só depende de você, do seu esforço, da sua fé e da sua confiança. É a sua vez! O seu destino já foi traçado e, desde o momento em que você escolheu confiar, tudo ganhou mais força. Inclusive, se você parar um minutinho para ouvir o seu coração, perceberá que ele está batendo mais forte. É o Espírito Santo dizendo a você que já deu tudo certo.

9 de dezembro

"Tu te aproximaste quando a ti clamei, e disseste: Não tenha medo."

(Lamentações 3:57)

Vai na fé!

Há coisas em sua vida que você enterrou por medo, por cansaço ou por acreditar que não seriam para você. Isso te trouxe muitos transtornos emocionais, te fazendo desacreditar de tudo. Ei, não foi Deus quem decretou o seu fracasso. Foi a sua decisão, motivada pelo cansaço e pela impaciência, que te fez abrir mão de algo que poderia ter dado certo, sim. Não estou escrevendo isso para te condenar. Quero que você saiba que somos humanos e nem sempre acertamos. Mas, se possível for, comece a rever tudo o que você deixou de fazer em sua vida por medo e, a partir de agora, decida viver sem desistências, focando no alvo certo e crendo que aquilo que é impossível para você, para Deus é obra em construção. Vai na fé!

10 de dezembro

"E ele disse: Vem. E Pedro, descendo do barco, andou sobre as águas para ir ter com Jesus. Mas, sentindo o vento forte, teve medo; e, começando a ir para o fundo, clamou, dizendo: Senhor, salva-me."

(Mateus 14:29-30)

Respire fundo...

Haja o que houver, mantenha-se estruturado em Deus e fiel ao seu propósito. Não se perca de vista. As batalhas te treinam e, na maioria das vezes, te fazem ter uma visão muito mais ampla de tudo aquilo que foi realmente preparado para você. Pedro foi convidado por Jesus a andar sobre as águas, mas focou nas circunstâncias, tirou os olhos da direção, sentiu medo e perdeu uma grande oportunidade de viver algo extraordinário. Se o vento soprar forte, respire fundo e continue até conseguir!

11 de dezembro

"Porque para Deus nada é impossível."

(Lucas 1:37)

Milagres acontecem para quem crê em Deus

Esteja segura(o) de quem você é e do que é capaz de fazer. Essa segurança precisa vir acompanhada de fé, com aquela certeza boa na alma de que Deus está no controle da sua vida e na direção das suas escolhas e decisões. Não importam as marcas que o passado deixou em você, elas só servirão para te lembrar que você superou muitas tragédias e está pronta(o) para passar para o próximo nível, deixando tudo de ruim para trás. Milagres acontecem para quem crê não só no impossível, mas Naquele que faz o impossível acontecer.

12 de dezembro

"Em paz me deito e logo adormeço, pois só tu, Senhor, me fazes viver em segurança."

(Salmos 4:8)

Tranquilize o seu coração!

Deus não dorme! E é bom que você saiba que Ele também não falha! O cuidado Dele com a nossa vida é responsável, e o seu tempo para todas as coisas é certo e perfeito. Viva cada dia sendo grata(o) a Ele por tudo. Dê um passo de cada vez, sem atropelar a vontade Dele em cada situação. Observe os sinais e exerça a sua fé, se dando uma oportunidade de sempre recomeçar, ainda que tudo esteja tão difícil para você. Nada é em vão, nada é por acaso, nada fica sem solução ou sem resposta. Tranquilize o seu coração.

13 de dezembro

"O Senhor cuida de todos os que o amam"

(Salmos 145:20)

Ele vê o que a gente não vê...

Deus faz coisas na nossa vida que, muitas vezes, fogem ao nosso entendimento. Sofremos muito por não entendermos de imediato os Seus propósitos, mas saiba que Ele tem o controle e o poder sobre tudo. Ele transforma maldição em bênção. Quando Ele fecha uma porta, é porque do outro lado dessa porta há dores, decepções, enganos e mentiras. O mesmo acontece quando Ele nos distancia de certas pessoas. Ele vê o que a gente não vê, a Sua responsabilidade em nos proteger é muito grande. Confie no cuidado Dele e deixe Ele fazer o que for preciso para te abençoar e honrar, mesmo que isso te cause alguns incômodos na alma. Lembre-se, **Ele cuida de todos que o amam.**

14 de dezembro

"E disse o Senhor a Abraão: [...] Haveria coisa alguma difícil ao Senhor? Ao tempo determinado tornarei a ti por este tempo da vida, e Sara terá um filho."

(Gênesis 18:13-14)

Não tome decisões precipitadas!

Deus prometeu a Abraão que a sua descendência seria numerosa, que ele seria pai de muitas nações e que Sara lhe daria um filho, mas a árdua espera fez com que eles tomassem decisões erradas, o que acarretou alguns problemas. Contudo, mesmo na idade avançada que tinham, a promessa se cumpriu e o milagre de ter um filho foi entregue a ele com o nome de Isaac. Às vezes, pode até estar demorando, sua fé pode estar parecendo pequena frente a tantas tribulações que vêm acontecendo em sua vida, mas o Senhor está trabalhando em seu favor, algo novo Ele está fazendo, mesmo que esteja em silêncio. Não tome decisões precipitadas. O Senhor não falha em Suas promessas. Aprenda a esperar que o perfeito em sua vida virá.

15 de dezembro

"Porque a fé que vocês têm é pequena. Eu asseguro que, se vocês tiverem fé do tamanho de um grão de mostarda, poderão dizer a este monte: Vá daqui para lá, e ele irá. Nada será impossível para vocês."

(Mateus 17:20)

Nos desejo dias de paz!

Deus está pronto para agir a seu favor, e Ele não quer te dar coisas pequenas nem está te preparando para viver experiências comuns. Se é isso que você espera Dele, me perdoe pelo que eu vou te dizer, mas você está tendo uma visão errada sobre quem Ele é e sobre o que Ele pode fazer. Deus quer fazer o impossível acontecer na sua vida e te levar a viver experiências incríveis e sobrenaturais. Ele quer fazer mudanças, transformações e milagres, e assim Ele fará.

16 de dezembro

"[...] o povo murmurou contra Moisés, e disse: Por que nos fizeste subir do Egito, para nos matares de sede, a nós e aos nossos filhos, e ao nosso gado?"

(Êxodo 17:3)

Continue e confie!

Quem passa pelo deserto passa por uma preparação incrível e consegue ver além do que as circunstâncias lhe mostram. Não seja como o povo de Israel, que, sendo livre da escravidão, murmurou no deserto. Ao invés de agradecer pelas maravilhas que o Senhor já havia feito em sua vida, o povo se revoltou e desejou voltar atrás. Enfrente o seu deserto de pé. Não tenha medo! Há uma força maior batalhando com você, há um Deus zeloso cuidando do que é seu e trabalhando em sua causa. Não desista, continue e confie.

17 de dezembro

"E ele, despertando, repreendeu o vento, e disse ao mar: Cala-te, aquieta-te. E o vento se aquietou, e houve grande bonança."

(Marcos 4:39)

Memorize isso, por favor

Deus, por meio do seu filho JESUS CRISTO, caminha com você, trabalha por você, não te abandona.

A vida pode ser difícil, mas com Jesus Cristo no nosso barco tudo irá bem! Podemos perder o controle da nossa vida, mas **do controle Dele realmente nada sai**.

18 de dezembro

"Porque o Senhor será a tua esperança;
guardará os teus pés de serem capturados."

(Provérbios 3:26)

Diga isso repetidas vezes, por favor!

Nasci para vencer, e quem governa a minha vida é Deus. Declare isso! As suas palavras têm poder! Não permita que nada nem ninguém te impeça de acreditar naquilo que Ele já projetou para você. Se envolva com o que lhe traz paz e com aquilo que edifica a sua alma. Se afaste de tudo o que contamina o seu pensamento, se fortaleça na fé, tenha esperança e não pense que o Senhor tem prazer no seu sofrimento. Ele quer que você viva, **Ele te deseja o melhor**, e o NÃO Dele em certos momentos significa livramento e proteção.

19 de dezembro

"Porque Quem quer amar a vida, E ver os dias bons, Refreie a sua língua do mal [...]"

(1 Pedro 3:10)

Seja sábio!

Se você quiser viver bem e ter dias tranquilos, refreie a língua, um órgão minúsculo, mas capaz de fazer grandes estragos. É pequena na boca, mas sagaz quando colocada em ação: com ela abençoamos ou amaldiçoamos. A língua é peçonhenta às vezes e, se não for refreada, se torna venenosa, capaz de contaminar corações, causar contendas, semear fofocas e fazer uma amizade enorme com o tal disse me disse. Todos temos domínio sobre ela e, se soubermos refreá-la, nos privaremos de muitas inquietações. Sábio é quem consegue domá-la.

20 de dezembro

"Não vos inquieteis, pois, pelo dia de amanhã [...]"

(Mateus 6:34)

O nosso amanhã a Ele pertence!

Que seja apenas para fechar ciclos pendentes, sem recaídas; caso contrário, nunca mais volte ao passado que tanto doeu em você. A vida segue em caminho reto, as coisas novas só se aproximam quando há espaço em nós para acomodá-las. Nem tudo é perda ou livramento, somos seres tratáveis. Quando Deus mexe com a nossa estrutura emocional, é porque algo novo assumiremos, **coisa grande está por vir**. Ele nos prepara de um jeito inexplicável, e talvez doído, para viver o Seu extraordinário. Pense nisso e decida seguir! O nosso amanhã a Ele pertence.

21 de dezembro

"Os preceitos do Senhor são retos e alegram o coração."

(Salmos 19:8)

Ele está curando o seu coração...

Deus está curando o seu coração de todas as coisas ruins pelas quais você passou nesses últimos tempos e te dando uma nova oportunidade de fazer diferente. Ele te deu uma nova oportunidade e te mostrou, através de alguns acontecimentos inesperados, o que precisa ser deixado para trás. Ele tem mostrado o quanto se importa com a sua vida, tem colocado pessoas maravilhosas em seu caminho, tem feito com que a sua alma perceba o quanto você é amado. Aproveite tudo de bonito que Ele está fazendo e nunca se esqueça de Lhe agradecer por cuidar tão bem de você.

22 de dezembro

"Se trabalhamos e lutamos é porque temos depositado a nossa esperança no Deus vivo, o Salvador de todos os homens, especialmente dos que creem."

(1 Timóteo 4:10)

Vá à luta sem olhar para o passado!

Hoje não é um dia qualquer. Este é o outro dia que Deus nos prometeu por meio das nossas orações. É o outro dia que vem acompanhado de novas oportunidades. É o outro dia que Ele planejou para nós. Quando Ezequiel foi levado em espírito ao vale de ossos secos, diante de tantas mortes, Deus fez com que ele enxergasse que nele havia vida, e que ainda havia esperança para Israel. Guarde o seu coração de tudo aquilo que te distancia da fé, que te fortalece e encoraja diariamente, acredite mais, viva mais, se envolva mais com tudo o que você anseia conquistar, vá à luta sem olhar para o passado. Você ainda respira e, para a sua vida, mesmo diante das dificuldades, há o extraordinário divino prestes a acontecer. Somente creia, se prepare e agradeça, sempre!

23 de dezembro

"[...] e orai uns pelos outros, para que sareis"

(Tiago 5:16)

Eu oro pela sua vida!

Neste exato momento, peço a Deus para acalmar o seu coração e aquietar o seu pensamento. Peço-Lhe que tome conta de você e entre com providência em sua causa, trazendo respostas precisas a todas as suas orações. Neste instante, coloquei nas mãos Dele a sua situação. Ainda que eu não te conheça, sei que Ele te encontra, te conhece e sabe muito bem dos seus dias difíceis, das suas necessidades, das escolhas que precisa fazer, da dor que está sentindo e do quanto você precisa de um socorro imediato. Pedi a Ele para cuidar de tudo o que é seu e enxugar as suas lágrimas, trazendo descanso para a sua alma e certezas de que tudo ficará bem. **Amém!**

24 de dezembro

"E, sendo por divina revelação avisados num sonho para que não voltassem para junto de Herodes, partiram para a sua terra por outro caminho."

(Mateus 2:12)

Psiu! Ouça sempre a Deus!

Os três reis magos foram advertidos por Deus a não voltarem pelo mesmo caminho pelo qual tinham vindo, evitando, assim, dar notícias a Herodes sobre Jesus, e assim fizeram. Nem todos carregam boas intenções no coração. O intuito de Herodes era matar Jesus, mas se fez de bom moço para descobrir em qual lugar Ele havia nascido. Psiu! Ouça sempre a Deus, ande em Sua direção e não se desvie da Sua vontade, Ele sempre te instruirá acerca de qualquer coisa em sua vida e, através da sua obediência e fé, te dará grandes livramentos.

25 de dezembro

"Não temais, porque eis aqui vos trago novas de grande alegria, que será para todo o povo: Pois, na cidade de Davi, vos nasceu hoje o Salvador, que é Cristo, o Senhor."

(Lucas 2:10-11)

Que Ele reine para todo o sempre!

A Ele toda honra e glória! Que as boas novas de Jesus se espalhem nos corações aflitos, sem esperança, sem perspectivas, sem sonhos, sem força. Que as boas novas de Cristo se espalhem nos lares, trazendo a todos reconciliação, amor, perdão, união, prosperidade, reciprocidade, renovo e muita paz. Que Ele reine para todo o sempre, **amém!**

26 de dezembro

"Orem sempre."

(Tessalonicenses 5:17)

Esteja pronta(o)!

Mesmo que tudo pareça estar indo de mal a pior, mova-se e não pare de orar até que Deus te responda. Você está em processo de cura, sendo fortalecida(o) e preparada(o) por Ele para receber algo grande e incrível, que talvez você, por ter um histórico de muitos fracassos e por ter sido muito criticada(o), nunca tenha imaginado receber. Deus trabalha no incompreendido para tornar possível aquilo que ninguém acredita que possa acontecer em nossa vida. Ele nos treina para assumirmos as bênçãos para as quais, aos olhos de alguns, estamos despreparados ou somos incapacitados. Ele não avisa quando e como, Ele faz! Esteja pronta(o) e me dê notícias!

27 de dezembro

"Mas a palavra do Senhor permanece para sempre. E esta é a palavra que entre vós foi evangelizada."

(1 Pedro 1:25)

Seja um instrumento do Senhor...

Em poucos dias o ano termina e já vamos agradecendo a Deus por tudo. Mas vale lembrar que cada dia é único e que precisamos viver o agora sem deixar nada para depois. As oportunidades passam, o dia passa, mas a palavra de Deus permanece, não volta atrás, não muda nem falha. Aproveite cada momento, exerça o amor, faça o bem, ajude o próximo em sua necessidade, ame aqueles que te amam e ame aqueles que não te amam com acréscimos de oração, afinal, isso é uma ordem divina. Seja um instrumento do Senhor e **você será bem-sucedido em tudo**.

28 de dezembro

Oremos como Davi orou!

"Provaste o meu coração; visitaste-me de noite; examinaste-me, e nada achaste; propus que a minha boca não transgredirá. Quanto ao trato dos homens, pela palavra dos teus lábios me guardei das veredas do destruidor. Dirige os meus passos nos teus caminhos, para que as minhas pegadas não vacilem. Eu te invoquei, ó Deus, pois me queres ouvir; inclina para mim os teus ouvidos, e escuta as minhas palavras. Faze maravilhosas as tuas beneficências, ó tu que livras aqueles que em ti confiam dos que se levantam contra a tua destra. Guarda-me como à menina do olho; esconde-me debaixo da sombra das tuas asas"

(Salmos 17:3-8)

Amém!

29 de dezembro

"Não te deixes vencer do mal, mas vence o mal com o bem."

(Romanos 12:21)

Vença o mal com o bem...

Por todas as coisas ruins pelas quais você passou neste ano, se perdoe e perdoe a todos que não te desejaram sucesso, que não te estenderam as mãos, que falaram mal de você, que te lançaram no fundo do poço a fim de anular a sua história, que não acreditaram no seu crescimento ou que não te amaram nem sequer te respeitaram. Vença o mal com o bem que há dentro de você, seja amor, seja um divulgador da paz e faça a diferença aonde quer que você vá e com quem quer que você esteja. Todas as coisas pelas quais a gente passa trazem uma lição. Quando entendemos isso e aprendemos a lidar com pessoas difíceis e a nos proteger da ruindade que nos lançam, tudo em nossa vida começa a fazer sentido, tudo o que a gente deseja começa a fazer parte da nossa realidade, sabe por quê? O nosso coração floresceu e a nossa alma se encheu de esperança. Onde o amor é plantado, tudo fica mais bonito.

30 de dezembro

"[...] Ebenézer; [...]:
Até aqui nos ajudou o Senhor."

(1 Samuel 7:12)

Ele é Deus!

Até aqui o Senhor te guardou.
Até aqui Ele te ajudou.
Até aqui Ele te livrou de muitos perigos.
Até aqui Ele te fortaleceu.
Até aqui Ele te provou inúmeras vezes
e em todas as situações
Que Ele é e sempre será contigo!

Respira! Ebenézer!

31 de dezembro

Há algo novo chegando!

A mensagem que deixo para você é a mesma que Deus deixou para Josué quando Moisés se foi: **"seja forte e corajosa(o)! Não se apavore, nem se desanime, pois o Senhor, o seu Deus, estará com você por onde você andar"** (Josué 1:9). Vai nessa sua força, sem olhar para as circunstâncias. Foque nos seus objetivos, caminhe com segurança, tenha fé, força e coragem. Não faço ideia de como serão os nossos próximos dias, mas Deus está no controle de tudo. Os Seus planos para nós, além de perfeitos, são grandes e extraordinários. Não é no nosso tempo, é no Dele. Se alguém te ferir, perdoe e siga. Se tentarem tirar o seu chão, traga à sua memória todas as batalhas que você já venceu até hoje e continue. Se falarem mal de você, abençoe quem não te quer bem e avance. Se traírem a sua confiança por alguma razão, apenas silencie e cresça. Cada semente que você escolher plantar fará parte da sua colheita futura. Não as desperdice com insignificâncias nem permita que raízes amargas contaminem o seu coração. Há sempre um propósito em tudo e, quanto mais aproveitarmos o nosso tempo com aquilo que nos for favorável, mais sucesso teremos em todas as áreas da nossa vida. Já deu certo.

Já deu tudo muito certo!!!

Minha oração

Este livro utilizou as fontes Alegreya Sans e Quita. Sua capa foi impressa em papel Cartão Supremo 250g e seu miolo em papel Offset 90g. Livro impresso em 2022 pela Crivo Editorial.